365일 러브 마이셀프

365일
러브
마이셀프

트로이 L. 러브 지음 | 이윤정 옮김

A YEAR
OF
SELF-LOVE

DAILY WISDOM
AND
INSPIRATION
FOR LOVING YOURSELF

(주)다연
DAYEONBOOK

자신을 사랑한다는 것은 가면을 쓰지 않고
진실하게 타인에게 친절을 베풀 수 있다는 뜻이다.
그것은 타인에게 가식을 떠는 것도 아니고,
타인을 밀쳐내는 것도 아니며, 누가 다가오지 못하도록
막는 것도 아니다. 우리는 그저 자신의 빛 안에 서서
그 빛을 타인과 나누는 것뿐이다.

열아홉 살 때 이런 문장을 마주한 적이 있다.

"자신을 사랑하지 않으면, 다른 사람을 사랑할 수 없다."

그때는 이 말에 전혀 동의할 수 없었다. 내 생각에, 나는 아주 사랑이 많은 사람이었다. 친구들을 사랑했고, 가족을 사랑했으며, 선생님들을 사랑했다. 나는 만나는 모든 이에게 좋은 사람이 되려고 노력했고, 내 얼굴은 늘 세상을 향해 환한 미소를 짓고 있었다.

그러나 겉모습과 달리 나는 우울했고, 죽고 싶었으며, 수치심으로 가득 차 있었다. 내가 사랑받을 만한 사람이라는 생각조차 들지 않았다. 사람들이 나를 사랑한다는 걸 머리로는 알면서도 마음속으로는 사랑받을 가치가 없다고 느꼈다.

그렇기에 저 문장은 진실이 아니라고 믿었고, 내가 어떤 사람이든 상관없이 남들을 사랑할 수 있다고 생각했다. 그 문장의 의미가 마침내 와닿았던 순간을 기억한다. 집을 떠나 낯선 룸메이트 두 사람과 함께 지내기 시작했을 무렵이다.

너무 외롭고 집이 그리웠던 나는 뭔가 변화가 필요하다고 느꼈다. 밖으로 나가 세상을 마주하기 전 욕실에 홀로 가만히 서서 세상으로부터 숨어 있었다. 거울에 비친 나를 들여다보았다. 그러고는 예전의 그 문장은 말도 안되는 소리라며 나 자신을 향해 따지듯 소리쳤다.

말을 마친 나는 눈을 지그시 감고 조용히 있었다. 그때 알 수 없는 변화가 일어났다. 어떤 깨달음이 내 안에 스며들었다. 비록 나 자신을 사랑하지 않더라도 다른 사람을 사랑할 수 있어. 그런데 문제는 그들이 내게 사랑을 돌려주려 하면 나는 그 사랑을 가치 없게 여기리라는 거야. 거부하거나 밀어내겠지. 그러면 사람들은 내가 사랑받을 가치가 있음을 확신시켜주려다가 지쳐버릴 테고, 결국엔 내가 사랑스럽지 않다는 증거만 남을 거야.

그런 새로운 생각에 관해 명상하면서(당시에는 명상이 뭔지도 몰랐지만), 사랑은 나눠야 하는 에너지임을 깨달았다. 가면을 쓰고 나의 고통을 드러내지 않은 채 사랑받길 원할수록 마음에 장벽이 생기면서 더 우울해지거나 생각이 극단으로 치달았고, 점점 더 혼자가 되는 느낌이 들었다. 비록 겉으로는 환한 미소를 짓고 친절하게 보였을지라도 말이다.

계속 살아 있음을 느끼며 삶을 즐기고자 한다면, 나 자신을 사랑해야 한다는 것을 이제 알았다. 그리고 나 자신을 사랑하는 연습을 시작하면서 흥미로운 점들을 발견하였다.

자기 자신을 사랑한다는 건 자신이 사랑받고, 누군가와 친밀한 관계를 맺을 가치가 있다는 사실을 믿는 것이다. 즉, 기꺼이 나의 재능과 능력을 계발하고, 그런 능력을 지닌 자신을 더 사랑하는 것, 기꺼이 나약한 자신을 드러내고 마음을 열어 나에게 타인의 관심과 돌봄을 받을 자격이 있음을 아는 것이다. 그리고 자신을 사랑하는 건 경계를 설정하고, 아닌 건 아니라고 말하는 것이다. 우리는 사랑하는 대상을 위해 아주 자연스럽게 맞서고 보호하려 나선다. 물론 사랑하는 대상에는 자기 자신도 포함된다.

나는 25년 이상 정신 건강 분야에 종사한 임상 사회복지사다. 정서에 초점을 둔 몇 가지 치료법, 외상 후 스트레스 장애 치료법인 EMDR, 신경-언어 프로그래밍, 심리극, 신경 과학 등을 공부했다. 베스트셀러였던 《평화를 찾아서(Finding Peace)》라는 워크북을 통해 애착 관계에서 받은 상처를 치유하는 방법들을 다루었다(조만간 이 주제로 훨씬 더 많은 내용을 다룰 것이다). 내 임무는 위대한 사랑과 빛과 치유를 이 세상에 가져오는 것이다.

자신을 사랑하는 건 이기적인 게 아니다. 오히려 타인을 사랑하기 위한 근본 바탕이라고 할 수 있다. 자신을 사랑한다는 것은 '넌 충분하지 않아'라고 속삭이는 수치심의 그늘에 맞서는 회복력을 길렀다는 뜻이다. 자신을 사랑한다는 것은 가면을 쓰지 않고 진실하게 타인에게 친절을 베풀 수 있다는 뜻이다. 그것은 타인에게 가식을 떠는 것도 아니고, 타인을 밀쳐내는 것도 아니며, 누가 다가오지 못하도록 막는 것도 아니다. 우리는 그저 자신의 빛 안에 서서 그 빛을 타인과 나누는 것뿐이다. 자신을 사랑한다는 것은 스스로 완벽하지 않다는 사실을 인정하고 자신을 너그러이 대하는 것이다. 우리가 다른 이들보다 자신에게 더 엄격한 잣대를 들이댄다는 사실을 당신도 잘 알 것이다. 스스로 사랑과 친절을 베푸는 연습을 하면 기적이 일어난다. 자신을 가혹하게 비판하기를 멈추게 되고, 결국 타인도 덜 비판하게 된다.

자신을 사랑하는 건 자만이나 허영심과는 다르다. 자신을 사랑한다고 해서 우리가 남들보다 잘났다거나 혹은 더 중요하다고 믿는 것은 아니다. 또 그렇다고 자신을 타인보다 하찮게 여기는 것도 아니다. 우리는 타인에게 짐이 되는 존재도, 가치 없는 존재도 아니다. 자신에 대한 의구심, 수치심, 두려움, 가식을 떨쳐버려야 주위 사람들과 더 깊이 연결될 수 있다. 자신을 사랑해야 세상으로 나아가 다른 이들을 사랑하고, 희망을 전하며, 사랑 가득한 세상을 만드는 데 동참할 수 있다.

이 책에서 나는 '애착 손상'과 '수치심의 그늘'에 관한 내용을 언급할 것이다. 《평화를 찾아서》 워크북에서 이 주제를 아주 자세히 다뤘었는데, 나를 사랑하는 한 해를 시작하면서 그 의미를 제대로 이해하는 것은 매우 중요하다.

애착 손상의 형태는 여섯 가지로 나뉜다. 상실, 거부, 무시, 배신, 포기, 그리고 학대다. 우리는 타인과 관계 맺으려 하는 존재지만, 그런 관계는 가혹하거나 망가지기도 하고 결국 심한 고통을 주기도 한다. 우리 스스로 그런 상처를 악화시키기도 한다. 자신을 부정하고, 자신의 필요를 무시하며, 진정한 자신을 배신하고, 때로 포기하거나 학대한다.

사랑과 관계만이 이런 상처들을 치유할 유일한 길이다. 이 책은 나날이 자기 사랑을 실천하도록 방법을 알려준다. 당신이 더 수용적이고, 안심하고, 현재에 집중하며, 연민하도록 도와주어, 다른 이들에게도 그렇게 할 수 있도록 힘을 길러줄 것이다.

그동안 자기 자신에게 친절하지 않았다면 처음으로 하는 이런 활동이 어렵게 느껴질 수 있다. 포기하지 말자. 때로는 수치심의 그늘에 점령당하거나 부정적인 신념과 메시지에 휘둘리기도 할 것이다. 우리의 정신을 관통하는 내면의 대화들은 자신을 가치없고 무력하게 느껴지게 할 뿐 아니라 정서적 안정감이나 신뢰를 잃게 만들기도 한다. 수치심의 그늘은 완벽을 요구하고 아직도 충분하지 않다고 계속해서 채근한다. 자신이 무력하고 약하다고 속삭이고 뭐든 시도하지 못하도록 사기를 저하시킨다. 자신의 필요는 타인의 필요보다 덜 중요하다고 말한다. 가면을 써서 자신을 어떻게 느끼는지 감추라고 독촉한다. 때로 결과가 어떻든 반항적인 행동을 하라고 강요하기도 한다. 그 모든 것이 우리를 관계, 사랑, 연민에서 떼어놓는 것이다.

좋은 소식이 있다. 당신은 당신의 그림자가 아니다. 당신은 빛으로 존재한다. 당신은 사랑받을 가치가 있다. 당신을 그 빛 안에 머물도록 돕기 위해, 이 책은 매일매일 생각해볼 인용구나 조언, 활동 혹은 명상을 안내한다. 당신은 노력해볼 만한 사람이다. 성공하지 못할 거라 느낀다면, 바로 그 순간이 자신을 사랑하는 법을 연습할 가장 완벽한 기회다.

이 책과 함께하는 경험을 통해 평안과 사랑을 찾을 수 있기를, 그리고 진실을 발견할 수 있기를 바란다. 당신은 사랑받기에 합당한 사람이다.

내 아이들에게!
너희의 찬란한 빛,
너희의 재능과 에너지
그리고 너희의 사랑이
날마다 내 삶을 축복하고
어제보다 오늘
더 나은 사람이 되도록
나를 격려한단다.

January

1

나를 사랑하고 소중히 여기는
법을 배움으로써, 다른 누군가를
훨씬 더 깊이 사랑하고
소중히 여기게 될 것이다.

1월 1일

새해가 밝았다! 새해가 되면 많은 이가 이루고자 하는 새해 결심들을 쓰지만, 몇 주는커녕 며칠도 채 지나지 않아 흥미를 잃고 만다.

올해는 뭔가 다른 걸 시도해보라고 권하고 싶다. 목적을 정해보자. 올해 더 많이 경험하고 싶은 게 있다면 무엇인가? 기쁨, 사랑, 연민, 건강, 용서, 행복? 더 많이 경험하고픈 것을 한 단어로 요약하면 무엇인지 한번 써보자. 거울에다 쓰자. SNS에도 쓰자. 한 해가 끝날 무렵 그것을 몇 번만 맛보았대도, 당신은 더 나아졌다. 그게 바로 성공이다.

1월 2일

위대한 업적은
충동으로
이루어지는 게
아니라,
작은 것들이
조금씩 모여
이뤄내는 것이다.

_빈센트 반 고흐

1월 3일

자신을 사랑하는 데 필수적인 요소들

용기, 공감, 정서, 지능,
신뢰, 감사, 관계, 회복력,
정신적 양식, 성장, 진실,
용서, 마음챙김, 명상

위 요소 중 하나를 선택해 그것이 자신에게
어떤 의미가 있는지 생각해보자.

1월 4일

재미있게 접근해보자. 문구점이나 서점 같은 데 가서 자신을 사랑하는 여정을 함께할 일기장을 골라보자. 마음에 쏙 드는 화려한 표지가 있는 것도 좋고, 깔끔한 스프링 노트도 좋다. 일기를 쓰며 자신을 사랑하는 데 진전이 있는지 확인해보자. 경험을 기록하는 것은 자신을 더 깊이 알아가는 데 큰 도움이 된다.

1월 5일

나를 사랑하는 연습을 하다 보면 고통스러운 경험을 하게 마련이다. 더는 아프기 싫다고 느끼기도 할 것이다. 하지만 그런 불편한 감정들을 피하는 대신 다른 관점으로 들여다볼 것을 권한다. 그것은 성장통이다. 단단한 마음의 근육을 만들기 위해 당신은 스스로 단련하는 중이다.

1월 6일

자신을 사랑하는 건 자기도취와는 다르다. 우리는 자신
을 사랑할 때 스스로 중요한 존재임을 깨닫고, 사랑받을
가치가 있으며, 자신에게도 친절을 베푸는 게 옳다는 걸
알게 된다. 그렇게 우리는 존재감이 커지고 다른 사람들
을 더욱 사랑하게 된다.

1월 7일

애벌레가 신비로운 과정을 거쳐 나비로 탈바꿈하듯, 당신은 아직은 그늘, 상처, 망연자실의 번데기 상태일지도 모른다. 누군가가 번데기를 열어 당신을 꺼내어주면 얼마나 좋을까, 하고 생각할지도 모르겠다. 하지만 나비처럼, 당신도 스스로 번데기보다 크게 자라나 표피를 뚫고 나와야 한다.

어떤 것들이 당신의 번데기를 싸고 있는가? 잠시 생각해보고 일기에 그것들을 기록해보자. 그리고 그 번데기에서 벗어났을 때 어떤 느낌일지 상상해보자.

1월 8일

진실을 향한
가장 위대한
존경의 표시는,
진실을
사용하는 것이다.

_제임스 러셀 로웰(미국의 시인, 문예 비평가, 정치가, 외교관)

1월 9일

누군가가 당신에게 어떤 친절의 말을 해주기를 바라는
가? 시간을 내어 과거 당신에게 변화를 일으켰던 친절
의 말을 떠올려보자. 아마 당신이 축 처졌을 때 기운을
북돋아주었거나 사랑받는다는 점을 상기해준 말이었을
것이다. 거울을 보고 자기 자신에게 그런 메시지를 들려
주자. 그런 긍정의 말을 들을 때의 기분은 어떤가?

1월 10일

어떤 이들은 아주 잠시라도 자신을 사랑하는 걸 힘들어
한다. 수치심의 그늘이 그건 이기적이라고 속삭이거나
다른 사람들에게 당신이 필요하다고 속삭인다. 자신을
사랑하도록 허락하자. 종이에 자신을 사랑하는 걸 허락
한다고 쓰고 서명을 해보아도 좋다.

1월 11일

나는
사랑과
빛을
내뿜는다.

1월 12일

경품 행사에서 꿈에 그리던 자동차를 받았다고 상상해 보자. 너무 좋아서 차를 몰고 다니다가 기름이 거의 다 떨어진 것을 알았다. 그때 근처 주유소에 차를 세우고 주유구에 음료수 4리터를 부어넣겠는가? 아니라고? 왜 아닌가?

우리의 신체는 놀랍도록 설계되어 있다. 배를 채운 불량 식품은 우리의 행동에 어떤 영향을 미칠까? 신체 건강에 알맞은 연료를 주입하는 것은 자신을 사랑하는 중요한 방법으로 평생 이로운 영향을 준다. 오늘 당신의 뇌, 심장, 몸에 필요한 연료를 공급하기 위해 어떤 음식을 먹을 것인가? 당신에게 기쁨을 선사할 뿐 아니라 오랫동안 포만감을 주는 신선한 자연식품을 떠올려보자.

1월 13일

교육자 겸 작가인 존 브래드쇼는 이렇게 말했다.
"우리는 우리가 사랑하는 것에 시간을 씁니다."
우리가 사랑하는 사람과 좋아하는 취미 생활에 얼마나 긴 시간을 사용하고 관심을 기울이는지 생각해보자. 만일 사랑하는 이에게 시간과 관심을 거의 주지 않는다면, 그 사람에게 시간을 쓸 가치가 없다는 의미다. 자기 자신을 돌보는 데는 얼마나 많은 시간을 보내는지도 생각해보자. 어떻게 해야 자신에게 시간과 관심을 쏟을 가치가 있다는 것을 스스로 명료하게 설득할 수 있을까?

1월 14일

당신의 머릿속에서 크게 꾸짖는 소리가 들린다면 그것은 수치심의 그늘이 내는 목소리다.

'대체 왜 그랬어? 이렇게 했어야지. 너 정말 볼품없다. 너무 뚱뚱해. 너무 말랐어. 최선을 다하지 않았어.'

당신도 들리는가? 잠시 시간을 내어 어떤 목소리가 들리는지 가만히 귀를 기울여보자. 그렇게 꾸짖는 이가 어떤 모습일지도 상상해보자.

오늘은 그 목소리가 얼마나 자주 들리는지 의식하자. 그리고 목소리가 들릴 때마다 이렇게 주문을 외우자.

'난 네가 보여. 네 말을 믿지 않아. 나는 나를 사랑하는 법을 배우는 중이야.'

1월 15일

기억하자. 당신은 수년간 자신을 비난해왔지만, 아무런 효과가 없었다. 이제 자기 자신의 편이 되어 어떤 일이 일어나는지 지켜보라.

_루이스 L. 헤이,《치유 : 있는 그대로의 나를 사랑하라(You can heal your life)》

1월 16일

수치심의 그늘은 우리에게 거짓말을 한다. 그 그늘에서 벗어나는 강력한 방법은 진실을 말하는 것이다. 수치심의 그늘이 당신의 실수를 질책한다면, 우선 판단하지 말고 사실(보이고, 들리고, 만질 수 있고, 냄새나 맛을 느낄 수 있는 부분들)만을 따져보자.

사실관계나 상황을 확인했다면, 그것을 어떻게 다뤄야 할지 경험이나 지식에 근거해 판단하자. 당신에겐 사실을 근거로 거짓에 반박할 힘이 있다.

거짓들을 찾아내고 진실을 말하자.

1월 17일

자신을 사랑하는 것은 이기적인 게 아니다. 자신을 사랑
할수록 더 너그럽고 넘치는 사랑이 다른 이들에게 흘러
가고 가족과 친구, 심지어 낯선 이의 마음도 움직인다.
자신을 사랑하면 나누고픈 사랑이 더 많이 생긴다.

1월 18일

너무 불편하게 느껴져서 미뤄오던 일이 있는가? 그 불편함을 받아들이고 내면의 힘에 기대어보자. 스스로 굳게 신뢰하고 행동을 취해보자. 그리고 무슨 일이 일어나는지 지켜보자.

1월 19일

소란스럽고
분주한 일상에서도
차분하게
마음을 가라앉히고,
침묵 속에
평화가 깃들어 있다는
사실을 기억하라.

_맥스 어만,《간절히 바라는 것들(Desiderata)》

1월 20일

부디
나 자신에게
친절할 수
있기를.

1월 21일

심신을 풍요롭게 하려면 물을 활용하는 것이 좋다. 오늘 물을 많이 마심으로써 자신을 사랑하는 연습을 해보자. 물은 몸을 맑게 할 뿐 아니라 생기를 더하고 풍요롭게 한다. 돈을 많이 들일 필요 없이 생수나 정수기 물을 많이 마셔보자.

1월 22일

두 손을 배꼽과 갈비뼈 사이에 있는 횡격막 위에 얹어보
자. 두 중지의 끝이 서로 닿을락 말락 하게 두자. 이제 깊
은숨을 들이마시자. 배 속의 풍선에 바람을 넣는다고 상
상하자. 숨을 들이쉴 때, 두 중지의 끝이 약간 더 벌어지
는 게 느껴질 것이다. 천천히 숨을 내뱉으면서 두 손가
락이 다시 가까워지는지 보자. 이렇게 깊은숨을 들이마
시면 모든 것이 괜찮다는 신호가 우리의 뇌로 전달되고,
우리는 긴장이 풀린다. 오늘 여러 번 깊은숨 쉬기 연습
을 해보자.

1월 23일

땅을 내려다보는 대신 고개를 들어 하늘을 보자. 하늘색
을 관찰해보자. 구름도 쳐다보자. 그 아름다움을 들이마
셔도 보자. 온 우주가 당신을 향해 미소 짓는다고 상상
해보자. 우주가 당신에게 말하려고 하는 긍정의 메시지
는 무엇인가?

1월 24일

괴로울 때는 괴로움을 인정하자. 그것을 인정하는 게 약해진다는 뜻은 아니다. 사실 괴로움을 인정하는 순간 어떻게 반응할지에 대한 더 많은 선택지가 생긴다. 통증을 느끼면 아프다는 걸 받아들이고 스스로 더 다정하게 대하자. 자신을 안아주고, 차가워진 얼굴은 따스한 손길로, 뜨거워진 얼굴은 시원한 손길로 토닥여주자. 목과 어깨를 주물러주는 것도 좋다. 몹시 괴로울지도 모른다. 그러나 우리에겐 그것을 치유할 힘도 있다.

1월 25일

비전 보드라는 게 있다. 비전 보드를 직접 만드는 방법은 단순하다. 온라인에서 경험해보고 싶은 것이나 추구하는 느낌 혹은 목표 등의 이미지를 검색하자. 그런 이미지들을 프린트하고 모양대로 오려서 커다란 전지에 붙이자. 그 전지는 날마다 볼 수 있는 곳에 붙여놓는다. 그것을 볼 때마다 스스로 질문해보자. 보드에 붙여놓은 다양한 경험 중 하나에 더 가까워지기 위해 오늘 내가 할 수 있는 작은 일은 무엇일까?

1월 26일

평소 늦잠 자는 걸 좋아하는가? 다음번에 침대에서 일어날 때는 이렇게 한번 해보자. 다리를 침대 밖으로 빼면서 앉기 전에 숨을 크게 들이마시자. 두 눈을 감고 발에 닿는 침대 시트를 느껴보자. 이불의 촉감과 온도를 감지하자. 침대에 조금 더 오래 누워 있는 이 단순한 즐거움을 마음 가득 즐겨보자.

1월 27일

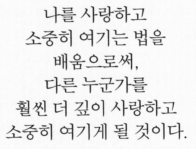

나를 사랑하고
소중히 여기는 법을
배움으로써,
다른 누군가를
훨씬 더 깊이 사랑하고
소중히 여기게 될 것이다.

1월 28일

하루를 보내며 마음챙김을 연습해보자. 당신이 어떻게 의자에 앉아 있는지 의식해보자. 의자가 당신의 무게를 지탱하고 있는 느낌에 주목해보자. 숨쉬기를 의식해보자. 그 꾸준한 리듬이, 감정과 행동에 따라 어떻게 달라지는지를 느껴보자. 주변 소리에 귀를 기울여보자. 아주 미세한 속삭임부터 두 귀를 막게 하는 소음까지 다 들어보자. 여러 색채와 풍경, 사람들 그리고 질감들을 유심히 보자. 잠깐 하던 일을 멈추고 지금 여기에 온전히 머물 수 있도록 스스로 허락하자.

1월 29일

자신을 대할 때
철저히
진실하지 않은 사람은
위대한 일을
해낼 수 없다.

_제임스 러셀 로웰

1월 30일

이루고는 싶은데 시작조차 두려운 일이 있는가? 그것을 성취할 수 없을 것 같은 이유 하나를 써보자. 그것은 100 퍼센트 진실인가? 그 이유 아래, 목표를 추구할 때 도움이 될 만한 당신의 강점 세 가지를 써보자.

1월 31일

생각은 창조하게 하고, 만들게 하고, 행동을 취하게 한다. 생각은 파괴하기도 하고, 해를 끼치기도 하고, 영향력을 빼앗기도 한다. 더욱 긍정적인 정서와 더 많은 사랑을 경험하고 싶다면 생각부터 바꿔야 한다. 무슨 생각이 당신의 마음에 침투했는가? 어떤 생각이 도움이 되고, 어떤 생각이 당신의 발목을 잡는가?

오늘은 너그러움과 사랑 그리고 긍정의 생각에 따라 행동해보자. 그리고 어떤 일이 벌어지는지 지켜보자.

February

2

스스로 지금
어떤 기분인지 아는 건
자신을 사랑하는 일의
한 부분이다.

2월 1일

웃으면 긴장이 풀리고, 스트레스가 완화되며, 면역체계
가 강화되고, 기분이 좋아진다. 웃음이 진통제 역할을
하는 것이다. 자신을 위해 웃어보자. 웃음이 나오지 않
는다면 재미난 영화나 개그 프로그램을 찾아보자. 일단
웃기 시작하면 멈추기 힘들지도 모른다.

2월 2일

자신을 사랑하는 건 자기 훈련과도 같다. 자기 자신을
사랑하면 우리는 성장을 위해 기꺼이 스스로 훈련한다.
좋은 기회를 잘 활용하는 데는 관대해지고, 시간을 낭비
하는 일이나 방해되는 일에는 더욱 단호해진다.

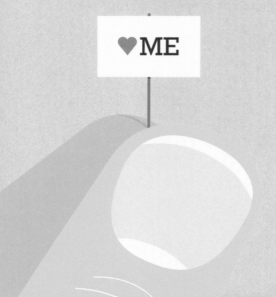

2월 3일

종이 한 장을 준비하고 타이머를 5분 후로 맞춘 뒤, 살면서 자신이 성취한 것들을 죽 써보자. 이력서를 쓰듯 거창하고 체계적으로 할 필요는 없다. 그냥 타이머가 울릴 때까지 생각나는 것들을 쓰면 된다. 큰 성취도 좋고 작은 성취도 좋다. 시간이 되었거나 다 썼다고 생각되면 이제 타이머를 10분 후로 맞추고 쓴 것을 읽으며 모든 순간을 되돌아보자. 그러다 또 생각나는 성취가 있으면 추가로 기록해도 좋다. 마지막으로 자신이 쓴 내용을 다시 읽으며 그동안 자신이 해낸 일에 박수를 보내자. 당신이 정말 대단한 사람이라는 사실을 깨닫길 바란다!

2월 4일

오늘 생각 없이 했던 일 중에 하루의 가치를 떨어뜨린
일이 있는지 생각해보자. 있다면 한번 적어보자. 삶에
부정적 영향을 미치는 일 중, 스스로 한계를 설정해 막
아낼 만한 일이 있는가? 가령 정말 시간이 부족하다면
누군가가 부탁을 해도 못 한다고 말할 수 있을 것이다.
마음은 불편하겠지만, 당신은 자신을 위해 아주 중요한
선택을 한 것이다.

2월 5일

용기를 내어
도움을 요청하자.
인정과 위로
혹은
안심시켜주는
말이 듣고 싶다면,
그런 필요에 응해줄
누군가에게
부탁해도 된다.

2월 6일

나날이 습관을 들이고 싶은 행동이 있는가? 하루를 마무리할 때마다 그 행동을 했는지 하지 않았는지 확인하자. 성공했다면 스스로 손뼉을 쳐주고, 실패했대도 자신에게 관대하자. 하나의 습관을 들이려면 몇 주 혹은 몇 달씩 걸리게 마련이다. 내일 또 새로운 해가 뜰 테니, 다시 시도하면 된다.

2월 7일

다른 어떤 감정보다 기쁨을 표현할 때 조금 더 불안할지
도 모른다. 하지만 웃음과 환호 혹은 포옹으로 기쁨을
드러내보자. 오늘 기쁨을 맘껏 표현하도록 스스로 허락
하자.

2월 8일

스스로 지금 어떤 기분인지 아는 건 자신을 사랑하는 일의 한 부분이다. 자신의 정서와 교감하지 않고 억누른다면, 왜 몸이 아프고 불편한지 알 수 없다. 하지만 우리에겐 어떤 감정을 따라가며 그 원인까지 추적하는 능력이 있다.

이런 능력을 키우기 위해서 영화 훈련법을 사용해보자. 혼자 있을 때, 아주 슬프거나 무서운 혹은 분노하게 만드는 영화 장면을 찾아보자. 이제 눈을 지그시 감는다. 가능하다면 감정에 이름을 붙이고 당신의 신체 중 어디가 어떻게 반응하는지 설명해보자. 이를테면, 슬픔을 느낀다, 속이 묵직하고 눈 근처가 뜨거워진다, 이렇게 말이다.

안전한 장소에서 몇 분간 이런 훈련을 하다 보면 당신은
감정에 따른 신체 반응을 제대로 인식할 수 있게 된다.
다음번에 같은 감정이 느껴지면 슬픔, 두려움 혹은 분노
의 원인을 찾아보자. 이렇게 하면서 자신의 반응을 이해
하는 게 도움이 되는지 살펴보고 감정의 원인을 치유하
기 위한 행동을 취하자.

2월 9일

자신의 몸을 소중히 여기자. 아주 잠깐이라도 시간을 내어 몸을 이리저리 움직여보자. 계단을 오르고, 마당의 잡초를 뽑고, 재활용 바구니를 비우며 당신의 몸이 가진 힘으로 할 수 있는 일에 감사하자.

2월 10일

자신을
사랑하는 연습을 하면서
스스로 축하해주자.
날마다 당신은
자신을 드러내 보이는 선택을
하고 있고,
그것은 축하받을 일이다.

2월 11일

당신이 이 세계에서 아주 작은 존재라고 해도, 당신이 하찮은 존재라는 의미는 아니다. 당신이 타인에게 아주 작은 관심이나 관대함의 자세로 사랑과 친절을 표현할 때, 그들 역시도 사랑받을 존재임을 알게 된다. 그 사소한 행동 하나가 잔물결을 일으키고 널리 퍼져나가면 당신은 자신보다 더 큰 무언가와 연결된다. 오늘은 어떤 사소한 사랑의 행동을 할 수 있을까?

2월 12일

당신이
납득하건 못하건
우주는
신의 섭리에 따라
펼쳐진다.

_맥스 어만, 《간절히 바라는 것들》

2월 13일

당신은 완벽하지 않다. 세상에 완벽한 이는 없다. 때로 당신은 실수를 저지른다. 사실 모두가 다 그렇다. 하지만 당신은 '당신'이다. 이 세상 그 누구도 당신답지 않으며, 당신만이 줄 수 있는 게 있다. 당신은 실수로부터 배운다. 불완전함은 개성이 된다. 그걸로도 당신은 충분하다.

2월 14일

지나가다가 길 잃은 강아지를 봤다고 치자. 그 강아지는 홀로 외롭고, 지저분하고, 배고파 보인다. 당신은 누군가가 그 강아지를 돌보아주길 바라며 지나칠 것인가, 아니면 잠시 가던 길을 멈추고 도움을 줄 것인가?

기꺼이 하던 일을 멈추고 가엾은 동물에게 도움을 주는 사람은 어떤 사람일까? 그들의 특성이 어떨지 생각나는 대로 한번 써보자. 당신에겐 그 모든 자질을 실현할 능력이 있다. 가상의 동물과의 관계에서뿐만 아니라 타인이나 자기 자신과의 관계에서도 말이다. 당신의 자질을 실행에 옮길 방법을 생각해보자.

2월 15일

마지막으로 자신과 데이트를 즐긴 적이 언제인가? 달력을 들여다보고 자기 자신과 시간을 보낼 계획을 세워보자. 자연 속에서 혼자만의 시간을 보낼 수도 있고, 위로와 회복의 편지를 쓸 수도 있으며, 취미활동에 푹 빠져보아도 좋을 것이다. 당신이 즐겁고, 편안하고, 행복한 뭔가를 해보자.

2월16일

무엇을 할 때 가장 보람되고 살아 있음을 느끼는가? 5분 동안 곰곰이 생각하며 일기에 답을 써보자.

2월 17일

우리가 나날의 행복을 위해 스스로 뭔가를 해볼 수 있는 분야는 네 가지다. 건강, 가족, 친구, 집중하기. 건강을 위해 자신의 신체를 돌볼 그 방법은 단순히 체육관에서 운동하기보다 광범위하다. 등산, 춤추기, 정원 가꾸기, 반려견과 놀기 등 다양한 신체 활동을 통해 자신을 사랑하는 방법은 무한하다. 사랑하는 가족이나 친구들과는 일상을 공유하거나 특별한 이벤트를 열며 관계를 위해 날마다 노력할 수 있다. 마지막으로, 개인적인 목적을 성취하기 위해 나날이 뭔가에 집중하는 방법도 있다. 각 방법에 대해 곰곰이 생각해보자. 이미 잘 해나가고 있다고 생각하는 부분이 있는가? 우리의 애정 어린 관심을 더 쏟을 수 있는 부분은 어느 쪽인가?

2월 18일

때로 우리는 자기 자신에게 너무 단호해진다. 자신의 이름을 불러대고, 신체 단점을 한탄하며, 잔인한 말로 내리깐다. 마치 괴롭히는 것 같지 않은가? 누군가를 괴롭히는 것은 내면 깊은 곳에 상처가 있기 때문이다. 당신이 자기 자신을 괴롭히고 있다면, 내면에 돌보고 치유해야 할 아픔이나 상처가 있어서일지 모른다. 그러니 오늘은 자신의 내면 깊은 곳으로 시선을 돌려보자. 그리고 다정하고 사려 깊은 말을 스스로 건네보자.

2월 19일

무의식을
의식하기 전까지,
그것은
당신의 인생을 이끌 것이고,
당신은 그것을 운명이라
부를 것이다.

_칼 융

2월 20일

노트를 꺼내어 요즘 무엇이 불안한지 적어보자. 원하는
만큼 얼마든지 적어도 좋다. 다 쓰고 난 뒤에는 노트를
덮고 뭔가 다른 일을 하자. 하루나 이틀간은 노트를 펴
보지 않는 게 좋다. 며칠이 지나 써두었던 내용을 다시
읽어보자. 지금은 기분이 어떤가? 달라진 점이 있는가?

2월 21일

긍정적인 생각은 자신을 사랑하는 여정에서 가장 강력한 도구 중 하나다. 오늘, 생각을 활용해보자. 부정적인 생각으로 무기력해진다고 느낄 때마다, 마음을 긍정적인 생각으로 되돌려보자. 어렵겠지만, 당신에겐 이런 변화를 일으킬 힘이 있다.

2월 22일

당신이 스스로 사랑받고 누군가와 친밀한 관계를 맺을 가치가 충분하다는 점을 100퍼센트 확신할 때 삶이 어떻게 변할지를 가만히 생각해보자. 당신은 타인의 사랑을 얼마만큼이나 받아들이는가? 당신은 다른 이들을 얼마나 사랑할 수 있는가?

2월 23일

20년 넘게 수치심 및 신뢰성 그리고 친밀한 관계에 관해 연구한 결과, 우리가 해야 하는 일 중 가장 어렵고 도전적인 것은 자신을 사랑하는 일임을 확신하게 되었다.

_브레네 브라운,《중년의 실타래 풀기(The Midlife Unraveling)》

2월 24일

내게 필요한 모든 것은 내가 닿을 수 있는 범위 안에 있다. 나는 엄청난 풍요의 한가운데 살고 있다.

2월 25일

살면서 불안하고 초조할 때 일기를 썼던 날들을 떠올려
보자. 힘든 시간이었겠지만, 그런 불안을 겪으면서도 당
신은 성장하고 자기 자신에 관한 뭔가를 배웠을 것이다.
당신은 무엇을 배웠는가? 그 결과 얼마나 강해졌는가?

2월 26일

생각과 기분을 변화시키는 강력한 방법은 마치 다른 사람이 된 듯 자기 자신에게 말을 하거나 글을 써보는 것이다. 가령 '나는 일주일 내내 이것을 연습했으니, 잘 할 수 있을 거야'라고 하는 대신, 당신의 이름을 부르며 '너는 할 수 있어, 일주일 내내 연습했잖아'라고 말하는 것이다. 몹시 어색하겠지만, 이렇게 단순한 방법으로도 기분을 더 행복하고 긍정적으로 바꿀 수 있고, 자신의 목표에 더 가까워질 수 있다.

2월 27일

언제나
올바르게 행동하라.
그러면
어떤 이들은
흐뭇해할 것이고,
나머지 사람들은
깜짝 놀랄 것이다.

2월 28일

우리는 사랑과 연민을 바탕으로 우리 신체와 삶을 위해 더 나은 선택을 한다. 연민 어린 마음으로 세계에 접근 하고, 자기 자신에게 친절하며, 스스로 자신의 감정을 느끼고 표현할 권리를 허락하자. 몸으로 그 차이를 느끼 게 될 것이다.

March

3

인생에서는 의미 있는
하찮은 것들이
의미 없는 대단한 것들보다
더욱 가치롭다.

GOOD LUCK

3월 1일

실패는
좀 더 현명하게
다시 시작할
기회다.

_헨리 포드

3월 2일

우리는 성장하고, 변화하며, 어떤 모습이 되어간다. 때로는 앞으로의 여정이 말도 안되게 멀어 보인다. 그럴 땐 자신의 여정을 울트라 마라톤이라 생각하자. 출발선에 서서 '오늘은 160킬로미터를 달려야지'라고 생각하는 대신 첫 번째 목표 지점까지 시간이 얼마나 걸릴지, 또 다음 지점까지는 얼마나 걸릴지를 계산해보자. 달리는 길가에는 늘 응원해줄 사람, 물과 먹을 것을 제공해줄 사람, 넘어지면 일으켜줄 사람 들이 얼마든지 있다. 우리는 한 번에 조금씩 꾸준히 뛰기만 하면 된다.

3월 3일

수치심의 그늘은 다른 사람에게 인정을 받기 위해 가식
적으로 행동하라고 속삭인다. 하지만 타인에게 인정받
는다 해도 결국엔 쓸쓸하다. 기분이 좋더라도 당신의 진
실한 모습이 아니었기에, 그건 진정한 인정이 아니다.
수치심의 그늘이 어떤 식으로 자기 자신을 감추라고 재
촉하는지 생각해보자. 가면을 벗고 있는 그대로의 모습
을 보여줄 때는 과연 어떨까?

3월 4일

인간은… 자기 생각과 감정, 즉 자기 자신을 나머지 다른 것들과 분리된 무언가로 경험하는데, 이는 의식에서 일어나는 시각적 착각의 일종이다. 이런 망상은 우리에게 일종의 감옥과 같기에 가까운 사람들에게만 개인적 욕망과 애정을 가지도록 제안한다. 따라서 연민의 범위를 넓혀서 모든 생명체와 자연 전체를 있는 그대로의 아름다움으로 포용해 우리 스스로를 이러한 감옥에서 해방시키는 것이 우리의 과제이다.

_알베르트 아인슈타인

> > > > >

3월 5일

"사랑해. 미안해. 용서해줘. 고마워."
아주 오랜 옛날부터
하와이 사람들은
호오포노포노(Ho'oponopono)라는
치유법을 사용했다.
이 방법은 우리 마음이
많은 사랑을 받아들이도록 해준다.
이 문장을 반복해서 말하며
몸 안의 부정적인 에너지를
내보내자.

3월 6일

배부름은
진수성찬이나
마찬가지다.

_불교 속담

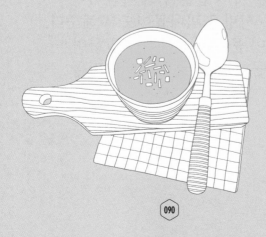

3월 7일

자신을 사랑하는 방법의 일환으로 스스로 들려주는 이
야기에 귀를 기울여보자. 당신의 생각을 확인하는 연습
을 해보기 바란다. 그 생각이 진실인지, 아니면 뒤틀리
거나 부정확한 이야기인지 말이다. 잠깐 시간을 내어 그
이야기가 타당한지를 가늠해보자. 때로 다른 누군가에
게 자기 생각을 들려주는 일도 그 이야기가 정확한지 확
인하는 데 도움이 된다. 스스로 확인하건 다른 누군가의
확인을 거치건, 정확하지 않은 이야기들을 확인하고 넘
어가는 습관을 기르자.

3월 8일

누군가가 특별한 이유 없이 당신에게 친절을 베푼 적이 있는가? 그 사람이 어떤 목소리로 무슨 말을 했는지 기억하는가? 그 사람은 어떤 정서를 드러냈는가? 상냥하고 인정 넘치는 행동이었는가? 그 순간을 기억하면 어떤 기분이 드는가?

3월 9일

너그러워지자. 엉망진창이 되었다면 엉망진창인 채로 두어라. 오늘 해낼 수 없을 것 같은 일은 그냥 제쳐두고 감정에 집중해보자. 청사진을 들고 있는 동안은 일이 진행 중이다. 어렵다고 느껴지는 건 사실 당신의 삶이 진전되고 있을 때의 느낌이다. 받아들이자.

_랄프 데 라 로사, 《원숭이가 말한다(The Monkey Is The Messenger)》

3월 10일

이전에 한 번도 가본 적 없는 식당에 가거나 맛본 적 없는 새로운 음식을 맛보자. 그것을 좋아하게 된다면 당신은 미각을 확장했고 새로운 선택과 발견에 스스로 열린 사람이 된 것이다. 좋아하지 않는다면, 다시 시도할 필요는 없다. 결과가 어떻든 당신은 자기 자신에 대해 조금 더 알게 된 것이다.

Self–Love

3월 11일

슬픔은
나누면 반이 되고,
기쁨은
나누면 배가 된다.

3월 12일

근육의 힘을 기르듯 지적 능력도 기를 수 있다. 머리도 많이 쓰면 쓸수록 더 성장하고 변화한다. 늘 생각만 해 왔던 외국어 수업에 등록하거나 퍼즐 맞추기 등을 해보자. 새로운 주제에 관한 글을 읽는 것도 좋다. 어떤 방법으로든, 오늘 지적 능력 향상을 위해 뭔가를 해보자.

3월 13일

많은 이가 과거의 경험 때문에 거절당하는 걸 두려워한다. 우리는 그 상처를 들추기 싫어 거절을 피하려고 든다. 거절의 두려움은 우리의 발목을 잡고, 위험을 무릅쓰거나 상처받지 않도록 막아선다. 심지어 행동하는 게 득이 될 수 있을지라도 말이다.

그러니 이렇게 한번 해보자. '안돼요'라는 대답이 돌아올 게 거의 확실한 상황에서 누군가에게 도움이나 서비스를 요청해보는 거다. 식당에서 음식을 더 달라고 해볼수도 있고, 아니면 낯선 이에게 안아달라고 부탁할 수도 있다. '안돼요'라는 거절의 말을 들어도 당신은 괜찮을 것이다. 거절당하는 것이 결과를 예측할 수 없는 새로운 경험에 열린 마음으로 다가가는 데 아주 중요한 단계임을 몸소 배워가자.

3월 14일

나는
내 직감과
내면의 목소리를
신뢰한다.

3월 15일

오늘 친하지 않은 누군가에게 다가가보자. 한동안 연락이 뜸했던 친구나 가족도 좋고 더 친해지고 싶었던 직장 동료도 좋다. 긍정의 에너지를 발산하는 사람들과 친하게 지내자. 새로운 관계를 맺거나 기존 관계를 더욱 공고히 할 때 어떤 기분인지 느껴보자. 상대방 또한 좋은 기분을 만끽하고 있을 것이다.

3월 16일

자기 자신에게 받아들이기 힘든 측면이 있다면 그에 대해 곰곰이 생각해보자. 신체적 특징일 수도 있고, 고치기 힘든 행동이나 성격적 특성일 수도 있다. 그 문제에 대한 자신의 감정과 생각을 기록해보고, 그 과정에서 의식하는 연습을 해보자. 스스로 싫어지는지 아니면 다정해지는지 마음을 들여다보자. 그저 마음을 알아채는 게 중요하다.

3월 17일

한 번 더
사랑을 신뢰할
용기를 가져라.
늘 한 번만
더 사랑하라.

_마야 안젤루(미국의 시인이자 소설가)

3월 18일

누군가가 거슬리기 시작했다면, 오늘은 호기심을 품어라. 당신에게 어떤 일이 일어나는지를 의식하면서 스스로 질문하자. "이거 참 재밌지 않아?" 그러고 나서는 자신에게서 한 발짝 물러나 내면에서 일어나는 일을 호기심을 가지고 들여다보자. 이제 타인의 행동을 감정적으로 받아들이지 말고 내면의 느낌과 생각, 정서를 의식해보자. 이 과정은 오래 걸리지 않는다. 그러니 잠시라도 자기 자신을 호기심으로 들여다보자. 그 과정을 지나는 동안 마음은 평온해지고 겸손해질 것이다.

3월 19일

나라는 사람의
본질과
태어난 목적이
있음을 믿는다.

3월 20일

자기 자신을 위한 DJ가 되어 가장 좋아하는 노래들을
틀자. 큰 소리로 노래를 흥얼거리거나 화음을 맞춰보자.
리듬에 맞춰 춤을 추거나 비트에 몸을 들썩여도 좋다.
두 눈을 지그시 감고 음악을 들으며 어떤 색채와 추억들
이 떠오르는지 느껴보자.

3월 21일

우리 모두에겐 상처가 있다. 거절, 상실, 무시, 포기, 배신, 학대의 상처들이다. 자신의 상처를 치유하는 데 집중함으로써 자기 자신을 향한 사랑을 보여주자. 첫 단계는 상처를 인지하는 것이다. 다음 단계는 손을 내밀어 도움을 청하는 것이다. 신뢰하는 친구, 가족 혹은 낯선 이라도 연민을 가진 지혜로운 사람이라면 우리의 이야기에 귀를 기울이고 상처를 치유하는 데 도움을 줄 것이다.

3월 22일

약자는
결코 용서를
베풀 수 없다.
용서는
강한 자의
특권이다.

_마하트마 간디,《모든 인간은 형제다(All Men Are Brothers)》

3월 23일

수치심의 그늘이 당신에게 부정적인 말을 건넨다면, 그 부정적인 생각에 대응할 만한 긍정적 의견을 적어도 다섯 개 정도 써보자.

3월 24일

우리가 아는 가장 아름다운 사람들은 패배를 알고, 고통을 알고, 노력을 알고, 상실을 알며, 구렁텅이에서 빠져나오는 법을 찾아낸 이들이다. 이들은 삶에 대한 감사, 감수성 그리고 이해심을 지니고 있다. 이로써 그들은 연민과 관대함 그리고 깊은 사랑으로 채워진다. 아름다운 사람들은 그저 생겨나는 게 아니다.

_엘리자베스 퀴블러 로스(스위스 출신의 미국의 정신과 의사)

3월 25일

주변에 사랑해주고, 지지해주고, 좋은 관계를 이어가는 사람이 많으면 상처는 빠르게 치유된다. 최근 당신이 진행 중인 일이나 성취, 성공을 떠올려보자. 그것을 혼자가 아닌, 소중한 몇몇 사람과 함께 기념해보자.

3월 26일

현재에 온전히 집중하자. 날마다 우리는 멍하게 넋이 나간 채로 너무 많은 시간을 보낸다. 하지만 매일매일 이세상의 경이로움에 집중할 기회는 지속해서 찾아온다. 새벽녘 일출과 어스름 노을을 의식해보자. 비바람 속으로 들어가보자. 깊은숨을 들이쉬고 내쉬어보자. 가만히 음식의 맛을 음미해보자. 자기 자신의 살갗에서 전해지는 따스한 감촉을 느껴보자.

3월 27일

'다시는 이런 짓을
하지 않을 거야'라고
다짐하는 대신,
'뭔가 다른 걸 하려면
어떻게 해야 좋을까?'라는
질문을
스스로 던져보자.

3월 28일

스스로 용서하지 않으면,
내면의 수치심이
계속해서 타인과
자기 자신을
다치게 할 것이다.

_비벌리 엔젤(미국과 캐나다 전역에서 활동하는 심리치료사이자 작가)

3월 29일

자기 자신을 칭찬해주자. 당신이 이룬 성과와 목표를 좇
는 의지 혹은 최근에 문제를 해결했던 경험에 집중하자.
이렇게 구체적인 방법으로 자신을 높여주면 어떤 기분
이 드는지를 의식해보자.

3월 30일

인생에서는
의미 있는
하찮은 것들이
의미 없는
대단한 것들보다
더욱 가치롭다.

_칼 융

114

3월 31일

당신을 기쁘게 하는 게 무엇인지 얼마나 잘 알고 있는가?
마지막으로 자신의 내면을 들여다본 게 언제인가? 오늘 잠
깐 시간을 내어 다음의 문장으로 시작하는 일기를 써보자.

내가 가장 좋아하는 기억은

....

내가 이루고자 하는 꿈 중 하나는

....

내 삶에서 가장 어려웠던 부분 중 하나는

....

나와 가장 가까운 친구들과 가족은

....

삶에 있어서 내가 가장 사랑하는 것은

....

일기 쓰기를 마친 후, 자신이 쓴 이야기를 함께 나누고
싶은 사람이 있는지 생각해보자.

April

4

나무와 별이 그러하듯
너 역시 우주의 아이이며,
이곳에 존재할 권리가 있다.

4월 1일

오늘은 웃어야지.
웃음은 전염되니까.
내 웃음은
물결처럼 번져나갈 거야.

> > >>>>

4월 2일

현명한 사람은
자신이
가지지 못한 것에 대해
슬퍼하지 않고
가진 것에 대해
기뻐한다.

_에픽테토스(고대 그리스 로마의 노예 출신 철학자)

해리포터 시리즈 속 위저딩 월드에서는 악명 높은 마법계 일인자 볼드모트 경을 두려워하며 '이름을 불러서는 안 되는 사람'이라 칭한다. 하지만 해리포터의 멘토인 덤블도어 교장은 진짜 이름을 불러야만 잘 보이지 않던 존재가 드러나고 어둠의 힘을 약화할 수 있다고 믿는다. 감정에 이름을 붙이는 일도 마찬가지다. 우리가 느끼는 감정을 인지하고 그것을 말로 드러내는 것이, 두려움을 마주하고 그 감정에 어떻게 반응할지를 정하는 첫 번째 단계다.

4월 4일

심장 수술을 받아야 한다고 가정해보자. 당신은 아마 차분하게 환자를 대하거나 친절한 태도로 격려해주는 외과 의사를 찾을 것이다. 그뿐만 아니라 수술 경험도 많아 실제로 수술을 제대로 집도할 수 있고, 문제가 발생했을 때 즉각 해결할 능력을 갖춘 의사를 원할 것이다.

감정을 느끼는 마음에도 복원 수술이 필요하다. 마음을 고치는 데는 당신이 가장 뛰어난 의사다. 연민 어린 마음으로 정답게 대하고 숙련된 행동을 취한다면 도움 될 것이다. 당신에겐 어떤 강점이 있는가? 마음을 잘 치료하기 위해 한 발짝 나아갈 수 있겠는가?

4월 5일

🦋

자기 자신에 대해 사랑하기 힘든 부분이 있는지 생각해보자. 신체 일부일 수도 있고, 행동 혹은 그 외의 것이 마음에 안 들 수 있다. 자신에게 하고자 했던 부정적인 말들을 써보자. 한두 문장이면 충분하다.

이제 눈을 감는다. 당신을 무조건 사랑해주는 사람을 떠올려보자. 친구나 가족, 산 사람 죽은 사람, 아니면 상상속 인물이라도 다 괜찮다. 그는 당신에 대해 누구보다도잘 알고 있고, 있는 그대로의 당신을 사랑한다. 그 사람은 사랑이 많고 친절하며 공감할 줄 안다.

그 사람의 입장이 되어 당신에게 편지를 써보자. 이 사랑 많고 친절하고 수용적인 사람은 당신이 스스로 문제라고 생각하는 점에 대해서 뭐라고 말할까? 가능한 한가장 상냥하게 측은한 마음을 담아 써보자.

편지를 다 썼다면, 한동안은 다른 데 놓아두자. 나중에다시 큰 소리로 그 편지를 읽어보자. 당신의 기분이 어떤지에 주목해보자.

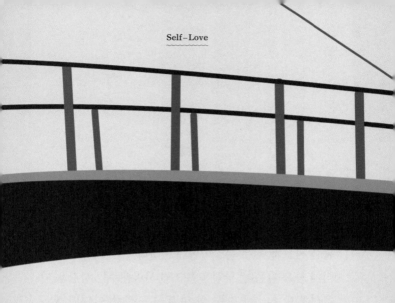

4월 6일

나는 지금 내가 있어야 할 바로 그곳에 있다. 내 삶에 지금껏 일어난 모든 일이 나를 여기로 데려왔다. 오늘 내게는 새로운 가능성으로 나아갈 기회가 있다. 한 번도 가보지 않은 길로 가보고, 한 번도 들어보지 못한 음악을 들을 것이다.

4월 7일

당신이 자신의 필요를 드러내고 표현하도록 둔다면, 그
것은 스스로 드러나고, 수용되고, 가치 있게 여겨지고,
사랑받을 기회를 주는 것이다. 자신의 필요를 충족하게
하는 것이다.

4월 8일

날마다
내면의 힘을
찾으며 나아가라.
그렇지 않으면
세상이
당신의 촛불을
꺼버릴 것이다.

_캐서린 던햄

(미국의 인류학자, 안무가, 댄서, 음악 교육자, 작곡가 겸 작사가, 영화배우, 운동가)

4월 9일

피터 비드마르는 1984년 올림픽 체조 경기에서 완벽한 경기를 펼친 후 은메달 한 개와 금메달 두 개를 따서 귀국했다. 그의 비법은 무엇이었을까? 바로 15분이었다. 대부분 체조선수는 하루에 여섯 시간씩 연습을 한다. 피터는 운동 시간에 딱 15분을 추가했다. 대수롭지 않아 보이는가? 그러나 15분은 분명 도움이 되었다.

계발하고 싶은 능력이나 이루고 싶은 목표가 있는가? 꼭 올림픽 금메달 같은 게 아니어도 된다. 악기 연주일 수도 있고, 요가나 옷장 정리일 수도 있다. 하나의 목표를 위해 단 몇 분씩이라도 일주일에 걸쳐 시간을 정해 투자해보자. 하루에 단 15분씩만 더 써도 일주일에 약 두 시간 정도가 된다. 그 시간의 가능성을 가늠해보자!

4월 10일

나는
사랑과
연민 어린 마음을
구체적으로
표현한다.

4월 11일

많은 이가 자신의 신체에 만족하지 못하고 남들 눈을 의
식한다. 운동 수업에 등록했든 달리기경기에 나가든 산
책을 위해서든, 운동화를 신으려 할 때는 사실 마음을
단단히 먹어야 한다. 그와 동시에 자신의 신체를 돌보기
위해 뭔가를 하려는 의지는 자신을 사랑하는 훌륭한 방
법이다. 그동안의 안락한 구역에서 벗어나 자신의 신체
를 돌보기 위해서 우리는 무엇을 할 수 있을까?

4월 12일

한쪽 문이 닫히면 다른 쪽 문이 열린다. 그러나 우리는 닫힌 문을 너무 오랫동안 그리고 후회스럽게 바라보느라 열려 있는 다른 문을 보지 못한다.

_알렉산더 그레이엄 벨

4월 13일

안녕, 나! 어제 기회를 잡았잖아. 조금 걱정스러웠어도 막상 시도하니 괜찮았지, 안 그래? 또 한 뼘 뻗어 나가기 위해 오늘 무엇을 할 수 있을까? 그건 얼마나 더 나은 결과로 이어질까?

4월14일

현실에서 다른 사람들과 좋은 관계를 맺으면 자기 자신을 더 사랑하게 된다. 그런데 이상하게도 요즘 우리를 온통 둘러싸고 있는 소셜미디어는 오히려 외로움과 우울감을 깊어지게 하는 것으로 나타났다. 지인이나 팔로워들의 삶에서 화려한 부분만 보다 보면 정작 자신의 삶은 뭔가 부족하게 느껴지기 쉽다. 오늘은 소셜미디어를 쉬어보자. 그 대신 그동안 연락하지 않았던 누군가에게 전화를 걸거나 이메일 혹은 손편지를 써보자. 그렇게 사랑을 나눠보자.

4월 15일

우리가 가진
좋은 점들을
반드시
헤아려보기도 해야 하지만,
그 좋은 점들을
소중하게 여길 줄도
알아야 한다.

_닐 맥스웰(종교인)

4월 16일

식물의 씨앗을 받아본 적 있는가? 아마 작은 종이컵에 비옥한 흙을 담고 씨앗을 심은 후 무슨 일이 일어나는지 보려고 기다렸을 것이다. 선생님은 씨앗이 새싹을 틔우려면 물과 햇볕이 필요하다고 알려주었을 것이다. 그래서 날마다 창문가에 있는 작은 화분에 물을 조금씩 주었겠다. 며칠이 지나자 흙 위로 새싹이 돋았고, 마침내 식물로 자라나 꽃을 피웠다.

자신을 사랑하는 연습을 하는 것은 자신의 마음에 연민의 씨앗을 심는 것과 같다. 처음 심었을 때는 아주 작을 수 있다. 그 작은 씨앗이 얼마나 큰 식물로 자라날지 기대하는 과정은 흥미진진하다. 그 과정은 인내뿐 아니라 매일매일의 섬세한 돌봄이 필요하다. 오늘, 우리 마음에 심은 연민의 씨앗을 잊지 말고 잘 보살피자. 따스한 볕을 쬐고 물을 주는 걸 잊지 말자.

4월 17일

누군가에게 화가 났는가? 오늘은 몇 분간 연민 어린 마음으로 그 사람에 대해 생각해보자. 그 사람의 여정이 평안하길 빌어보자. 그렇게 하고 나면 당신의 기분은 어떤지 살펴보자. 이런 행동이 자기 자신을 더욱 아끼고 사랑하는 데 얼마나 이로울지도 생각해보자.

4월 18일

다른 누군가를 비난하거나 판단하면 당신의 경험을 바꿀 힘이 없어진다. 당신의 신념과 판단에 책임을 져야 그것들을 바꿀 힘이 생긴다.

_바이런 케이티(작가.《네 가지 질문》,《기쁨의 천 가지 이름》등의 저서가 있다)

4월 19일

지금 당장 당신의 몸에 집중해보자. 어떤 느낌이 드는가? 신체의 어느 부위에서 특정 감각이 전해오는가? 어떤 색채인가? 온도는 어떤가? 이런 느낌을 느껴본 적이 있는가? 이런 느낌을 뭐라고 부르면 될까? 느낌에 이름을 부여하는 행위는 자기 자신을 더 잘 인지하는 데 도움이 된다. 단 몇 초라도 스스로 감정을 느껴보는 연습을 하자. 당신의 느낌을 인정하고 숨을 크게 쉬어보자.

Self–Love

4월 20일

아마 우리 중 누군가는 평화의 강이나 영혼의 목적지로 향하는 확실한 길을 찾아내기 위해 어둡고 기만적인 길을 거쳐와야만 할 것이다.

_조지프 캠벨,《천의 얼굴을 지닌 영웅》

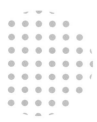

138

4월 21일

사랑은 우리 존재의 자연스러운 상태다. 자신과 주변 세상을 향한 연민, 친절 그리고 사랑의 자리에 있을 때 우리는 더욱 평화로워지고 경계를 공고히 할 수 있으며 우리의 빛과 힘을 드러내보일 수 있다.

4월 22일

카메라는 특정 대상에 초점을 맞추면서 배경은 흐리게 보이도록 한다. 우리 생각도 그렇게 할 수 있다. 가령 부정적인 생각에 초점을 맞추면서 신체적 감각을 의식해보자. 긴장감이나 열감 혹은 통증이 표면으로 드러나는지 의식해보자.

이번에는 긍정적인 생각에 초점을 맞춰보자. 비가 내린 정원의 내음이라든지 파도치는 소리의 리듬, 보송보송 한 고양이 털을 쓰다듬어주는 느낌 등에 말이다. 가능한 한 가장 긍정적인 생각들만 해보자. 신체의 변화도 느껴 보자. 우리가 초점을 맞추지 않는 부분은 흐린 배경이 되어버린다.

우리에겐 생각보다 더 강한 힘이 있다. 긍정적 생각에 초점을 맞추는 연습을 많이 하면 할수록 부정적인 생각 은 희미해지고 더 멀어진다.

4월 23일

많은 기업체에서 팀 빌딩 훈련을 통해 서로 신뢰를 쌓는다. 다른 사람을 신뢰하는 것도 중요하지만, 팀 빌딩의 원리를 자기 자신에게 적용해보자. 동료에게 하듯 신체 각 부분에 대한 감사와 신뢰를 표하자. 신체 각 부분이 하나의 팀으로서 작용한다는 걸 인지하면 자연스럽게 자기 자신을 엄청나게 존중하게 될 것이다.

4월 24일

나무와 별이 그러하듯
너 역시
우주의 아이이며,
이곳에 존재할 권리가 있다.

_맥스 어만, 《간절히 바라는 것들》

4월 25일

나는
다양한 면에서
강인하다.

4월 26일

모두가 영웅 이야기를 좋아한다. 사실 대부분의 흥행 영화는 영웅에 관한 이야기다. 그리고 당신은 내면에 영웅 이야기를 품고 있다. 아마 이미 뭔가를 정복했거나, 지금 어떤 시련을 맞닥뜨렸을지도 모른다.

당신의 영웅 이야기를 써보자. 그 여정이 어디서 시작되었고, 루트는 어떻게 설정됐으며, 목적지가 어디인지도 적어보자. 처음에는 그 여정을 어떻게 받아들였는가? 당신의 여정에서 도움을 준 친구들과 낯선 이들을 떠올리고 묘사해보자. 극복한 장애물도 생각해보자. 그 과정에서 자기 자신에 대해 무엇을 알게 되었는가? 어떻게 변화됐으며 얼마나 성장했는가?

4월 27일

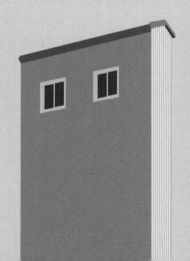

동네 서점에 가서 재밌어 보이는 책을 찾아보자. 서점에 편안한 의자가 마련돼 있다면 잠시 앉아서 책을 읽어보자. 의자가 없다면 다른 조용한 장소를 찾아 마음의 양식을 쌓는 시간을 가져보자.

4월 28일

오늘, 스스로 이렇게 말해보자.
"나는 내가 충분하다는 진실의 편에 설 것이다. 도망치
거나 거만하게 굴지 않을 것이다. 지금 이 순간, 바로 여
기에서, 나는 나일 것이다."

4월 29일

당신이 가진 것에 감사하세요. 결국엔 더 많이 갖게 될 것입니다. 만일 갖지 못한 것에 집착한다면, 결코 충분히 갖지 못할 것입니다.

_오프라 윈프리

4월 30일

애착 손상의 아픔이 느껴진다면 그것은 어떤 방식으로든 관계가 단절되었다는 의미다. 해결책은 바로 관계 맺음이다. 우리의 뇌는 살아가면서 사랑하고 즐기고 서로 도와주도록 놀라울 만큼 잘 발달되어 있다. 오늘, 직접 도움의 손길을 뻗고, 격려하고, 누군가를 지지함으로써 관계를 맺어보자.

May

5

많은 사람은 살아 있으면서도
정작 살아 있음의 기적을
깨닫지는 못한다.

5월 1일

나는
실수 제조기의 주인이다.
매번
실수를 저지를 때마다,
다음번에 취할
더 나은 방법이
무엇일지를 배운다.

5월 2일

통렌(Tonglen, 주고받기라는 의미의 티베트어) 명상은 당신이 수행할 수 있는 가장 용감한 명상법 중 하나다. 이 명상은 주변의 고통을 들이마시고 사랑과 즐거움 그리고 친절함을 내쉰다. 이 명상 과정에서는 자신의 애착 손상과 자기 의구심의 목소리를 마주해야 하므로 굉장히 힘들다. 그만큼 이 명상에는 강력한 치유 효과가 있다.

먼저 편안한 자세를 잡아보자. 준비가 되면 자신의 주변을 둘러싼 고통에 귀를 기울이자. 그 고통은 자신의 것일 수도, 지인의 것일 수도 있다.

그 고통에 색채와 에너지가 있다고 상상하자. 코로 깊은 숨을 들이쉬어 그것들을 당신의 몸 안으로 끌어안자. 당신의 몸으로 들어온 고통의 에너지가 마법의 지팡이에 닿아 사랑과 연민으로 변하는 모습을 상상하자. 입으로 그 연민의 에너지를 내쉬어보자.

이 과정을 반복하자. 고통을 들이마시고, 사랑과 연민을 내뱉자.

처음엔 5분만 해도 충분하다. 다음 번에는 10분 동안 해보자.

5월 3일

다른 누군가의 행동에 상처받았던 일을 떠올려보자. 이제 눈을 지그시 감고 호흡을 의식해보자. 당신에게 상처를 준 사람이 바로 앞에 서 있다고 상상하자. 그 사람의 내면을 들여다보자. 그 사람도 당신과 마찬가지로 희망과 꿈, 두려움과 걱정거리를 안고 산다는 것이 느껴지는가!

그가 당신에게 했던 행동으로 미루어보아, 그를 당신의 인생에 들이는 것은 안전하지 않다고 느껴질 수 있다. 그를 꼭 당신의 인생에 다시 초대해야만 하는 것도 아니다. 하지만 잠시 연민의 마음을 가져볼 수는 있다. 그가 건강한 삶의 여정으로 나아가길 바랄 수 있겠는가? 그에게 어떤 메시지를 전하고 싶은가?

이 연습을 하면서 당신의 생각과 느낌, 그늘을 자세히 들여다보길 바란다. 연습이 마무리되고 나면 그에게 고마워하는 마음을 담아 작별 인사를 해보자.

5월 4일

당신의 하루 중 최고의 순간과 최악의 순간을, 사랑하는
사람과 공유해보자. 아무런 방해를 받지 않고 말하고 들
을 수 있는 시간을 택하자. 그의 이야기 역시 함께 나누
자. 서로의 이야기를 집중해서 들어보자. 이런 대화는
두 사람의 삶에 어떤 일이 일어나고 있는지를 깊이 이해
하도록 해준다.

5월 5일

마음챙김 명상이 당신이 경험한 모든 것을 흡수하도록 하라. 친절, 근면, 현존, 집중, 휴식 등의 수행 의도에 부합하도록 계속 조정해나가라.

_랄프 데 라 로사, 《원숭이가 말한다》

5월 6일

용서란 그동안 품고 있던 분개와 화를 내보내는 것이다.
반드시 어떤 행동을 받아들이거나 봐줘야 하는 것이 아
니다. 단지 상처나 부당함을 깊이 생각하거나 불만을 키
우는 일을 멈추는 것이다. 당신에게 부담을 주던 그 고
통의 감정들을 내려놓는 것에 대해 고민해보자.

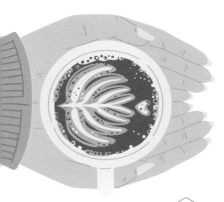

5월 7일

수면은 당신의 심신이 필요로 하는 것을 지원하는 가장 중요한 방법의 하나다. 잠들기가 어렵다면 그냥 이리저리 뒤척이고 있을 필요는 없다. 밤잠을 잘 자기 위해 처방전 없이도 시도해볼 만한 다양한 방법이 있다. 하루를 끝마치고 나면 긴장을 푸는 게 중요하다. 우선 침실에서 전자 제품을 치워 어둡고 조용한 환경을 조성하자(필요한 경우 귀마개를 하자). 방 온도는 약간 시원하게 하고, 포근한 이불을 마련하자. 당신이 가장 편안한 환경에서 밤잠을 잘 수 있도록 스스로 보살피자.

5월 8일

때로 당신의 몸은 뇌보다 먼저 감정을 느낀다. 자신이 어떤 기분인지 잘 모르겠다면 신체 반응을 확인하자. 목, 어깨, 가슴, 배, 위장, 다리에서 어떤 일이 일어나고 있는가? 신체 감각을 알아차리고 느끼는 것만으로도 당신이 경험하는 감정에 이름을 부여하는 데 도움이 된다. 지금 어떤 감정을 느끼고 있는가?

5월 9일

불행은 이타적이고 행복은 이기적이라는 생각은 잘못되었다. 행복한 척 구는 것이 더 이타적인 일이다. 행복한 척 행동하는 일은 한결같은 쾌활함을 유지하기 위해 에너지와 관대한 마음 그리고 훈련을 필요로 한다. 그러나 사람들은 그들의 행복을 당연하게 여긴다. 그 행복은 강요되지 않은 것처럼 보이므로 오히려 그 노력을 인정받지 못한다.

_그레첸 루빈, 《무조건 행복할 것(The Happiness Project)》

5월 10일

아침마다 자신을 돌보는 습관은 균형과 목적을 만든다.
좋은 책을 읽는 습관, 명상이나 운동 혹은 일기를 쓰는
습관 같은 것 말이다. 이러한 습관은 남은 하루를 위해
생기를 되찾고 영감을 주는 자기 사랑의 방식이다. 당신
은 어떤 아침 습관이 있는가?

5월 11일

나는
온전하고,
창의적이다.
고로
나는 나다.

5월 12일

세상에는 아픔과 괴로움이 존재하고 사랑과 연민과 평화가 존재한다. 동양의 음과 양 같은 것이다. 우리가 고통을 경험하지 않았다면 사랑과 즐거움 그리고 평화의 가치를 제대로 알아볼 수 없다.

고통 없이 살면 좋겠지만, 고통은 때로 이로운 신호이기도 하다. 실수로 뜨거운 냄비를 만졌을 때, 통증은 즉시 손을 떼도록 신호를 보내준다. 우리의 신체는 이렇듯 반사적으로 반응한다. 의사 결정 과정 같은 건 없다. 정서적 고통도 마찬가지로 반응하지만 고통스러운 감정을 느낄 때 항상 변화가 필요하다고 깨닫는 건 아니다. 혹시 우리의 삶에 손을 떼야만 하는 뜨거운 냄비가 있는지 살펴보자.

5월 13일

실수를 저질렀을 때, 우리는 얼마만큼을 선의로 해석할까? 친구나 동료가 실수를 저질렀을 때는 어떤가?

우리 대부분은 자기 자신이 실수를 저질러도 의도를 구실로 들어 용서하는 경향이 있다. 그러나 스스로를 사랑하지 못하는 사람들은 지인의 실수보다 자신의 실수를 용인하길 힘들어한다.

자신이나 주위 사람들이 실수를 저질렀을 때, 내가 어떤 반응을 보이는지 주의 깊게 살펴보자. 혹시 화를 내고 있다면, 연민의 마음으로 바라보는 연습을 하자.

5월 14일

진귀한 작품이 전시된 미술관이 있다. 미술관에서는 그 값진 전시품들을 어떻게 관리할까? 어떤 보안 장치가 설치되어 있을까? 위해 요소들로부터 작품을 보호하기 위해 어떤 기술을 도입하였을까?

예술작품과 마찬가지로 우리 역시 지구상에 단 하나뿐인 진귀한 존재다. 우리의 가치는 헤아릴 수조차 없다. 스스로를 어떻게 돌보고 있는지 생각해보자. 어떤 경계를 설정해두었는가? 특별하고 놀라운 자기 자신을 안전하게 보호하자.

5월 15일

수치심의 그늘은 자주 우리를 공격하고 질책한다. 우리 머릿속은 그런 부정적 판단에 너무 익숙해진 나머지 그것이 공정하거나 옳은지를 딱히 고려하지 않는다.

혹시 그런 그늘의 목소리를 감지했다면, 그 공격이 자신이 아닌 우리가 사랑하는 누군가를 해친다고 가정해보자. 그때 우리의 기분은 어떨까?

사람은 대개 사랑하는 이가 수치심의 그늘에서 고통받는 모습을 볼 때 더 좌절하는 경향이 있다. 우리도 아마 사랑하는 사람이 고통받지 않도록 나서서 참견하려고 할 것이다. 수치심의 그늘이 우리 자신을 향했을 때도 똑같이 행동할 수 있음을 잊지 말자.

5월 16일

이 밤, 잠자리에 누운 채 10분 동안 감사할 거리에 대해 생각해보자. 우선 우리의 신체를 떠올리자. 신체 각 부분을 떠올리며 우리를 위해 일하고 있는 몸에 경의를 표하자. 그런 다음 더 확장해나가자. 감사할 사람들이 있는가? 우리의 삶에는 어떤 안락이 있는가?

5월 17일

실패가 꼭 실수인 것은 아니다. 어떤 상황에서는 그것이
최선의 선택일 수도 있다. 진정한 실수는 시도하지 않는
것이다.

_버러스 프레더릭 스키너(미국의 영문학자이자 행동주의 심리학자)

5월 18일

종종 싫어하는 누군가에 대해 불만을 토로하는 자신을 깨달을 때면, 자신의 싫은 점을 그들에게서 발견한 게 아닌지 돌아보자. 그리고 자기 자신의 그런 특성에 긍정적으로 반응하려고 시도해보자. 즉, 우리가 변하고 싶은 부분이라는 점을 인정하고 받아들이거나 혹은 고치려고 노력하는 것이다. 이때 취약점이나 결점으로 판단된 부분이 생각만큼 부정적인 측면인지도 평가해보자. 몇 분간 이에 대해 명상해보고 우리가 여태 불만을 늘어놓았던 타인을 떠올려보자. 이제 그들에 대한 감정이 조금 달라졌는가? 변화가 있다면 혹은 없다면, 그 이유는 무엇일까?

5월 19일

어느 영업사원이 1년간 10억 원어치의 물건을 팔겠다는 목표를 세웠다. 그는 목표를 성취하면 자기 인생이 완성될 거라 믿었다. 그리고 그 목표를 달성한 날, 간단한 축하 의식을 치렀다. 그는 너무 기뻤다. 하지만 기쁨도 잠시, 그는 다시 기분이 가라앉았다.

목표를 달성하면 기쁘고 축하할 일이지만, 오래 지속되는 행복은 도착지가 아닌 과정에서 찾아야 한다. 목표를 추구할 때는 그 과정과 작은 승리들에서 기쁨을 느끼고 경험을 통해 배워야 한다.

5월 20일

많은 사람은
살아 있으면서도
정작
살아 있음의 기적을
깨닫지는 못한다.

_틱낫한, 《틱낫한 명상(The Miracle of Mindfulness)》

5월 21일

우리는 일반적으로 특히 고통의 감정은 어떻게든 피하려고 한다. 그렇게 괴로움에 무감각해진 채 마침내 다른 감정들도 느끼지 못하게 된다. 오늘 마음챙김을 수행하면서, 감정이 언제 둔해지려 하는지 의식해보자. 자신을 사랑한다는 것은 자신의 모든 감정에 열려 있는 것이다. 그런 취약함도 있는 그대로 받아들이자.

5월 22일

우리의 사고는, 부정적이든 긍정적이든 신체에 영향을
주고 타인 및 주변 공간과 상호작용한다. 자기 자신에게
부정적인 말을 할 때 어떤 느낌이 드는지 의식해보자. 그
것이 당신을 더 행복하게 만드는가? 더 개선되도록 동
기부여를 하는가? 아니면 미래에 대한 의욕을 꺾는가?
오늘 자기 자신에 대한 긍정적인 말을 쓰고 그것을 읽으
며 어떤 감정이 드는지를 탐색해보자. 그런 다음 부정적
인 말을 했을 때와는 어떻게 다른지를 느껴보자. 그 경
험에 대해서 일기에 써보자.

5월 23일

영화배우 프레드 로저스는 평생공로상을 받았을 때, 관객들에게 지금의 자기 자신이 있기까지 도움을 준 이들을 각자 10초간 생각해보자고 제안했다. 그러고는 타이머를 10초로 맞추었다. 우리도 오늘 그의 제안을 따라 10초간 생각해보자. 지금 나 자신이 되기까지 도움을 준 사람들은 누구인가?

5월 24일

경이로운 명상의 힘을 발견해보자. 명상은 자기애의 모든 원리(용기, 신뢰, 회복성, 성장, 용서, 공감, 영양, 진실, 관계)에 더 단단한 기반을 다지게 해준다. 명상을 어떻게 해야 하는지 잘 모를 수도 있다. 시중에는 명상법에 관한 서적, 앱 그리고 온라인 동영상 들이 많이 나와 있다. 명상법 수업을 찾아봐도 좋다. 아니면 잠깐 시간을 내고 조용히 앉아서, 눈을 뜨거나 감고, 생각들이 그냥 지나가게 둔 채로, 호흡의 리듬에 몸을 맡겨보자. 명상은 생각보다 아주 단순하다.

5월 25일

나는
삶을
선택한다.

5월 26일

자신만의 안전지대 밖으로 걸어나가는 것은 사실 자신을 성장하게 하고 자신의 강점과 능력에 대해 더 배우게 해주는 자기애의 행동이다. 오늘, 낯선 누군가 혹은 지인에 대해 몰랐던 점 세 가지를 배워보자. 그러고 나서 그와의 관계에 변화가 있는지 살펴보자. 아마 당신은 그와 친구가 되었거나 우정이 더 깊어졌을 것이다. 이후에 시간을 내어 그 과정에서 자기 자신에 대해 배운 것을 기록해보자.

5월 27일

진실성이란 누가 보든 말든 언행이 일치하는 것이다. 자신의 가치와 약속이 행동과 일치할 때 스스로를 사랑하기가 더 쉽다. 언행이 일치되지 않으면 어느샌가 수치심의 그늘이 나타나 우리를 질책한다. 가치와 행동이 일치하면 우리의 에너지는 더욱 강력하게 넘쳐흐르고, 자신감이 생기며, 스스로 빛을 발하는 데 주저함이 없어진다.

5월 28일

전자 기기는 배터리가 소모되면 충전이 필요하다. 이때 배터리가 닳았다고 기기를 질책하거나 못마땅해하느라 기운을 낭비하지 않는다. 그 대신 충전기를 꽂는다.

그런데 우리는 자신의 에너지가 고갈되었다고 느낄 때는 이러한 친절함을 베풀지 않는다. 종종 스스로 수치스러워하거나 이토록 '결핍'되었다는 점에 화를 내기도 한다. 사실 미리 꽉 채워둘 필요는 없다. 단지 충족되지 않은 만큼만 충족시키면 된다. 그러니 오늘 기운이 처진다면 충전이 필요하다는 관점에서 바라보자. 그리고 어떤 방법으로 재충전할 수 있을지를 생각하자. 가벼운 산책, 낮잠, 개운한 발 마사지, 두피 마사지 등이 좋겠다.

5월 29일

요컨대,
명상은
황홀경이나
몰두의 상태에
이르기 위해서가 아니라,
존재를 경험하려고
하는 것이다.

_초감 트룽파(티베트 스님, 명상가, 영적 지도자, 예술가)

5월 30일

나는
도전을
사랑한다.

5월 31일

회복 탄력성은 어려움이나 패배 혹은 트라우마를 겪은 후에 회복하는 능력을 말한다. 쿵푸 영화에 나오는 대결 장면에서 주인공이 바닥에 등을 대고 쓰러졌다가 곧장 다시 튀어오르는 모습을 떠올려보자. 그 동작을 완성하기 위해 얼마나 엄청난 심신 단련의 과정을 거쳤을까.

우리의 회복 탄력성 구간은 어디쯤일까? 뒤로 넘어졌을 때 곧장 정서적으로, 육체적으로, 영적으로, 정신적으로 다시 일어날 준비가 되었는가? 혹시 그 반대 구간에서 우울과 불안으로 고통받고 있는가? 우리의 회복 탄력성이 어느 구간에 해당하든, 우리는 강해질 수 있다.

스스로 회복 탄력성 키우기 훈련을 시작할 때 도움이 될 몇 가지 중요한 연습이 있다. 부정적인 생각을 발견해 그것을 내보내고, 감사한 마음을 기르며, 실패를 통해 균형을 잡을 수 있도록 목표를 설정하는 것이다. 자신의 회복력 구간이 어느 정도인지 일기에 기록해보자. 그렇게 사랑의 마음으로 인내하며, 연민 어린 마음으로 자신을 대하자. 우리는 회복 탄력성을 키우려는 것이지 시험을 치르려는 게 아니다.

June

6

용기는
뜻하지 않은 곳에서
발견된다.

6월 1일

자신을 사랑하는 한 가지 중요한 방법은, 다른 누군가에게서 당신이 필요로 하는 걸 구하는 것이다. 그게 포옹이든, 이야기 들어주기든, 피드백이든, 그냥 함께 보내는 시간이든 말이다.

아마도 당신은 누군가에게 도움을 청했다가 부정적인 경험을 했을 수도 있고, 그래서 다시 시도하기를 꺼릴지도 모르겠다. 오늘 그 취약함을 이겨내고 한번 다시 시도해보자.

6월 2일

나는 기꺼이 사람들에게 주목받는 위험을 감수할 것이다. 나는 가치 있는 사람이고 이 세상을 위해 내어줄 것이 많다.

6월 3일

사람의 마음은 억지로 열 수 없다. 서로 지지하는 안전한 관계를 구축하지 않았다면 상대에게 마음을 열어달라거나 속마음을 나누어주기를 기대할 수 없다. 마찬가지로 누군가가 당신에게 개인적인 얘기를 들려달라고했을 때, 그게 어느 모임이든 혹은 사적인 자리이든 상관없이 안전하지 않다고 느꼈다면 대답을 거절하는 건정말 괜찮은 자세다. 마음을 여는 것만큼이나 자신을 보호하는 것도 자신을 사랑하는 방법이니까. 누군가와 친밀한 관계를 맺고 싶다면, 먼저 둘 사이를 안전하게 만드는 데 힘쓰자. 가장 중요한 관계일수록 어떻게 하면안정감을 느낄 수 있을지 방법을 고민해보자.

6월 4일

용기는
뜻하지 않은 곳에서
발견된다.

-J.R.R. 톨킨(소설가,《반지의 제왕》작가)

6월 5일

바닥에 발을 대고 편안히 앉아 양손을 가만히 포개어보자. 눈을 지그시 감고, 숨을 깊이 들이마시자.

이제 자기 자신을 아무런 조건 없이 사랑하는 상상을 해보자. 그 부드럽고, 다정하고, 연민 어린 사랑의 온기를 느껴보자. 당신은 자신의 모습 그대로를 소중히 여기며 아끼고 존중한다. 당신의 선택은 수치심의 그늘이 아닌 자신만의 진실과 권한의 영향을 받는다. 당신은 자신의 재주와 재능에 자신감이 있으며 그것을 주변 사람들과도 나눌 줄 안다. 필요한 모든 시간을 들여 자신을 향한 사랑을 깊이 느껴보고 그것이 삶에 가져오는 변화들도 느껴보자.

6월 6일

겸손은 자신을 사랑하는 법을 연습하는 데 필수적인 요소다. 이는 자기 자신의 인간애뿐 아니라 주변 사람들의 인간애를 깨닫는 데도 도움이 된다.

겸손은 수치심과는 다르다. 수치심은 우리가 사랑받고 관계 맺을 자격이 없다고 속삭인다. 만일 우리가 점점 방어적으로 내빼거나 스스로 통제한다면, 겸손 대신 수치심에 갇힐 확률이 높다. 겸손은 우리가 완벽하진 않아도 시도한다고 말하는 것이다. 하루하루를 살아가며 이것을 꼭 기억하자.

6월 7일

감사를 연습하는 방법에는 여러 가지가 있다. 하나는 감사한 것 세 가지와 그 이유를 적어보는 것이다. 공책이나 소셜미디어 아니면 냅킨 등 아무 데나 상관없다. 감사한 '이유'를 적는 게 중요한데, 감사하는 마음에 대해 더욱 신중히 유념하는 데 도움이 된다. 그렇게 쓰다 보면 다른 사람들이나 경험에 대해 감사하는 새로운 방법을 발견하게 될지도 모른다.

6월 8일

영적 지도자 친모이는 "가능한 한 자주 마음으로 웃고, 웃고, 또 웃어라. 웃음은 마음속에서 사납게 날뛰는 긴장을 상당 부분 줄여줄 것이다"라고 말했다. 웃으면 스트레스 호르몬인 코르티솔과 아드레날린은 줄고 엔도르핀, 세로토닌, 옥시토신이 분비된다. 오늘은 그냥 재미 삼아 웃는 시간을 늘려보자. 하루에 50번 이상 웃어보고 어떤 변화가 있는지 살펴보자. 혼자서 그냥 웃는 것도 물론 도움이 된다. 다른 누군가를 향해 웃어준다면, 상대도 웃을 것이다. 웃음은 전염성이 있다.

6월 9일

공감의 속성 중 하나는 타인의 관점을 수용하게 해주는 데 있다. 동의하지 않더라도 기꺼이 다른 누군가의 입장이 되어 어떤 일을 살펴보고 그 진실을 느끼도록 해주는 것이다. 오늘은 개인적으로든 전문적으로든 동의하지 않는 무언가에 주의를 기울여보자. 의견 차이가 생겼다는 걸 인식했다면, 잠시 그 상황을 상대의 관점에서 생각해보자. 끝내 동의하지 못하게 되더라도, 이는 그 문제를 해결하거나 타협하는 데 통찰을 준다. 문제 해결을 위해 이 방법을 써보자. 이때 어떤 기분을 느끼는지도 의식해보자.

6월 10일

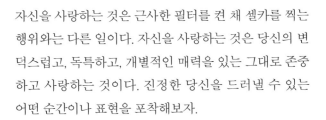

자신을 사랑하는 것은 근사한 필터를 켠 채 셀카를 찍는 행위와는 다른 일이다. 자신을 사랑하는 것은 당신의 변덕스럽고, 독특하고, 개별적인 매력을 있는 그대로 존중하고 사랑하는 것이다. 진정한 당신을 드러낼 수 있는 어떤 순간이나 표현을 포착해보자.

6월 11일

적에 맞서기 위해서는 많은 용기가 필요하다. 친구들에
게 맞서기 위해서도 그만큼의 용기가 필요하다.

_조앤 롤링, 《해리포터와 마법사의 돌(Harry Potter And The Sorcerer's Stone)》

6월 12일

당신의 생각이 수치심에서 멀어지게 하라. 당신의 마음
이 수치심을 향하고 있다고 느껴지면 부드럽게 방향을
돌리자. 당신이 수치심을 느낀다는 것을 인정하고 스스
로 사려 깊게 대응하자.

6월 13일

진실한 사람에겐 신뢰가 간다. 우리가 보는 게 진짜 그들의 모습이고, 그들은 가식적이지 않으며, 다른 누군가가 되려고 하지 않는다.

이렇게 진실하게 행동하는 것이 위험하게 느껴질 수도 있다. 진정한 자신의 모습을 드러낼 때 누군가 우리 의견에 반박할 수도 있다. 우리의 선택이 조롱거리가 될 수도 있다. 하지만 이런 두려움에 굴복하면 불안이 우리를 이기게 두는 것이다. 다른 누군가인 척하는 것은 당신에게 해로울 수 있다. 이는 결국엔 다른 사람에게도 해를 입힌다.

진실한 모습일 때 우리는 신뢰받는다. 더욱 굳건하게 주위 사람들과 관계를 맺을 수 있고 가식적으로 행동해야 한다는 압박감에서도 벗어날 수 있다. 항상 완벽할 수는 없어도 위험을 감수해볼 가치가 있다.

6월 14일

날 수 있을지
의심하는 순간,
영원히 날 수 없게 돼버려.

_제임스 매튜 배리,《피터 팬(Peter Pan)》

6월 15일

인생은 크든 작든 무수한 어려움으로 가득 차 있다. 어려움과 맞닥뜨려 고생하고 패배를 인정하는 과정에서 우리는 무언가를 배울 수 있다. 그 과정을 거쳐 어려움을 극복하고 나면 매우 뿌듯할 것이다.

또 다른 어려움을 마주했다면, 잘 해결되지 않더라도 계속 시도했던 이전의 시간을 떠올리자. 다시 일어나 시도하면서 자신에 대해 배운 점이 있는가? 그 경험을 통해 우리는 어떻게 성장했는가?

6월 16일

능숙함이 부족하면, 그에 대해 뭔가를 해볼 수 있다. 워크숍에 등록하거나 관련 강의를 고른다거나 개인 과외를 구한다거나 해서 배울 수도 있다. 뭔가를 배우고 싶다거나 능력을 향상시키고 싶었던 적 있는가? 오늘 한 발짝 나아가 능숙함을 길러보자. 직접 참여하는 수업이나 온라인 강의 혹은 개인 교습을 해줄 사람을 찾아보자.

6월 17일

질투와 비교는 즐거움을 훔쳐간다. 누군가 자신보다 더 큰 집을 소유하고 있거나, 돈을 더 많이 벌거나, 근사한 차를 몰고 다니거나, 모델 같은 몸매를 자랑할 때, 수치심의 그늘은 '증거'라는 데이터를 활용해 우리의 잘못된 부분이나 부족한 점을 들먹인다. 하지만 그것은 진실일까? 수치심의 덫에 걸려서 얼마나 큰 기쁨을 빼앗기고 있는가? 남과 나를 비교할 시간에 우리는 무엇을 성취할 수 있을까?

6월 18일

나는 고집이 있어서
다른 사람들이 겁을 주려고 하면
절대 참질 못해요.
나를 위협하는
시도를 접할 때마다
오히려
용기가 솟구친답니다.

_제인 오스틴,《오만과 편견(Pride and Prejudice)》

6월 19일

세계적인 선승(禪僧) 틱낫한은 우리가 사랑하는 이들과 더욱 깊이 연결되도록 도와주는 진정한 현존을 위한 네 가지 만트라(타자에게 은혜와 축복을 주고, 자신의 몸을 보호하고, 정신을 통일하고 또는 깨달음의 지혜를 획득하기 위해서 외우는 신비적인 위력을 가진 언사. 다라니陀羅尼라고도 한다)를 가르쳐주었다.

제가 여기 당신을 위해 있습니다.
당신이 여기 있는 걸 압니다.
당신이 고통받고 있는 걸 압니다.
저는 고통받고 있습니다. 저는 최선을 다하고 있지만 당신의 도움과 이해가 필요합니다.

이렇게 단순하면서도 강력한 만트라를 자기 연민을 위해 스스로에게 수행해보자. 이 네 가지 만트라로 자기 자신과 대화하는 상상을 해보자. 지금 시도해보면 어떨까.

6월 20일

나는 내려놓을 수 있다.

6월 21일

감정에 이름을 붙이는 단순한 행위만으로도 정서적 흥분을 확연히 가라앉힐 수 있다. 감정이 요동친다면, 그것이 화든, 두려움이든, 기쁨 혹은 슬픔이든 큰소리로 이렇게 말해보자.

"나는 _____ 을 느끼고 있다."

감정에 이름을 부여했을 때 어떤 신체 변화가 일어나는지 의식해보자.

6월 22일

달라이 라마는 자신과 타인이 고통에서 벗어나길 진정
으로 바라고 헌신하는 세심함을 연민이라고 설명했다.
우리는 본능적으로 고통을 피하려고 한다. 고통을 느끼
려고 하지 않는다. 그러나 사랑하는 사람이 고통받으면
도와주려는 의지를 보인다. 사랑하는 이가 아주 잠깐이
라도 고통에서 벗어나게 하려고 뭔가를 한다. 그 사람을
사랑하고 그 사람을 위해 헌신하고 싶어 도와주려는 것
이다.

이제 자기 자신의 상처를 위해 행동해보자. 자신을 연민
어린 마음으로 다정하게 대하면서 스스로 고통에서 벗
어날 수 있도록 헌신해보자.

6월 23일

나는 내 삶이 넘치도록 풍족하다는 것을 인정한다. 내가
받은 선물들을 알고 있고, 내가 가진 모든 것에 감사의
마음을 가지도록 노력한다.

6월 24일

자비의 색채 활동은 당신이 어디든 품고 갈 수 있는 연민의 에너지장을 만들어준다. 우선 편안한 리듬의 호흡으로 숨을 들이쉬고 내쉬어보자. 매번 숨을 들이쉴 때, 스스로를 편안하게 해보자. 준비되었다면 연민과 사랑이 담긴 다정함과 연관되는 색채를 떠올려보자. 어떤 색깔이라도 좋다.

그 색채가 당신의 머리 위 하늘에 구름처럼 피어오르는 상상을 해보자. 이제 그 구름이 당신 주변을 안개처럼 감싸는 상상을 해보자. 그 안개를 들이마시고 온몸으로 흐르도록 하고, 머리부터 발끝, 손끝까지 닿도록 하자. 그 색채들이 당신의 온몸과 주위를 둘러쌌다고 상상하자. 그 색채에 당신을 보호하고 강하게 하는 힘, 당신을 더욱 친절하고 사려 깊게 만드는 힘이 있다고 상상하자.

스스로에게 냉담하다는 걸 깨달을 때마다 자비의 에너지로 주변을 감싸는 힘이 당신에게 있다.

6월 25일

역경과 고난을
극복했던 시기를 떠올려보자.
당신이
용기있게 도전했던 이야기를
다른 사람들과 나눠보자.
위험을 무릅쓰고
취약한 부분에도
도전하자.

6월 26일

어둠으로 어둠을 몰아낼 수 없습니다. 오직 빛으로만 할 수 있습니다. 증오로 증오를 몰아낼 수 없습니다. 오직 사랑으로 할 수 있습니다.

_마틴 루서 킹

6월 27일

우리는 칭찬받고, 받아들여지고, 안정되거나 주목받거나 인정받아야 한다는 당위성에서 벗어날 필요가 있다. 이런 당위성을 타협할 수 없는 종류라고 인정하면 사랑과 애정을 필요로 하는 것에 대해 스스로를 괴롭히지 않을 수 있다. 또한 건강한 방법으로 이러한 필요를 충족할 수 있도록 우리를 격려한다. 위험을 감수하고 우리가 필요로 하는 것을 요구하는 것은 용기의 표현이다.

6월 28일

내가
무언가를 원하는 건
당연한 일이다.
이것은
내가 살아 있음을
아는 방법이다.

6월 29일

스스로 성취하고, 배우고, 성장할 수 있다는 믿음을 갖고 싶다면, 수치심의 그늘이 얼마나 자주 당신에게 나타나 패배주의적인 거짓말, 판단, 무력감을 보여주는지를 먼저 의식하자.

종이에 그런 메시지들을 써보자. 당신이 쓴 내용을 확인하고 종이를 덮자. 더는 그 메시지들을 생각하느라 시간을 낭비하지 말자. 그 대신 뒷장에는 반대의 메시지를 써보자. 당신을 속이려는 목소리가 다시 기어나와 긍정적인 메시지를 짓누르려 들지는 않는지 살피자. 그저 가만히 의식해보자. 당신이 진정으로 믿고 싶은 메시지는 어느 쪽인가? 어느 쪽이 당신에게 사랑과 기쁨과 희망을 안겨주는가?

6월 30일

우리 뇌의 전대상피질(ACC)은 감정을 통제하면서 결정을 내리도록 돕는 기능을 한다. 자동차로 치면 변속 기어 역할이라고 보면 된다.

당신이 아끼는 사람과 함께 엄청난 계획을 세웠다고 가정해보자. 문밖으로 나가기 전, 전화벨이 울리고 사랑하는 사람이 일이 생겨 함께 갈 수가 없다고 전한다. 에너지와 혈액이 전대상피질로 흘러가면, 당신의 뇌는 기어를 빠르게 변속한다. 당신은 아마 화가 났겠지만 비교적 신속하게 마음을 가다듬고 화를 가라앉힌다. 하지만 전대상피질이 제대로 작용하지 않으면 당신의 기어 변속기는 고장을 일으킨다. 당신은 아마 생각에 집착하다가 불안과 화가 치미는 것을 느끼고, 이제 무엇을 해야 할지 차분히 생각하는 데 어려움을 겪을 것이다.

전대상피질을 강화하려면 당신의 신체 느낌을 인지하고 그에 따르는 감정을 확인해야 한다. 신경과학 연구자들은 하루에 5분만 투자해도 긍정적인 변화를 불러올 수 있다고 말한다. 그게 다. 아주 잠깐의 마음챙김 명상으로 전대상피질을 강화할 수 있다. 당신은 감정을 다스리는 데 더욱 유연해지고 감정 기복을 잔잔히 가라앉힐 수 있을 것이다. 오늘 바로 실행에 옮겨보자.

July

7

진정한 용기란
시작하기도 전에 패배할 것이
예감되어도 끝까지
최선을 다하는 것이다.

7월 1일

남을
행복하게 하고 싶으면
자비를 베풀라.
자신이
행복해지고 싶으면
자비를 베풀라.

_달라이 라마

7월 2일

우리는 거절, 학대, 무시 혹은 다른 애착 손상으로 인한 고통에서 자신을 보호하고자 한다. 거의 무의식적으로 말이다. 벽돌을 하나하나 쌓아 올리고 벽을 만들어서 고통으로부터 자신을 보호하고, 결국 아주 작은 창문으로 세상이 내다보이는 감옥에 자신을 가두고 만다.

자신의 감옥을 발견했더라도 너무 놀라지 말자. 우리는 벽돌을 하나하나 쌓아 올렸듯, 벽돌을 하나하나 떼어내어 그 벽을 허물 수 있다.

7월 3일

자기 자신을 대하는 가장 애정 어린 방법의 하나는 타인과 건강한 관계를 맺는 것이다. 오늘은 누구와 관계를 맺을까? 전혀 몰랐던 사람과 새롭게 관계를 맺을 수도 있겠다. 오늘, 마음을 열고 사려 깊은 낯선 이를 찾아 나서자. 우리 역시 누군가가 건강한 관계를 맺으려고 찾고 있는 사려 깊은 낯선 이일 수도 있다.

7월 4일

진정한 용기란 시작하기도 전에 패배할 것이 예감되어
도, 그래도 끝까지 최선을 다하는 것이다.

_하퍼 리,《앵무새 죽이기(To Kill a Mockingbird)》

7월 5일

누구나 살면서 실수를 저지르고, 그로 인해 사랑하는 사람에게 상처를 주기도 한다. 그들이나 자신의 실수를 보거나 계속 떠올리면서 자책하는 것은 아주 자연스러운 현상이다. 그럴 때 우리는 수치심을 느끼거나 자기비판을 하기 쉬운데, 이는 자기 자신에게나 사랑하는 사람에게 전혀 도움이 되지 않는다.

다음번에도 과거의 실수를 자책하는 자신을 발견한다면 그 불편함에 귀를 기울이고, 자신의 행동에 책임을 지자. 지금 당장 제공할 수 있는 편안함이나 도움이 무엇인지를 생각하자. 방법이 없을 수도 있고, 있을 수도 있다. 있다면 당장 실천하자!

자신을 용서하는 연습을 자주 할수록 사랑하는 사람과 현재에 집중하기가 더 쉽다.

7월 6일

자기 연민을 실천하기 시작하면 어색하고 불편하거나 심지어 두렵게 느껴질 수도 있다. 뭔가 새로운 것을 시작하는 데는 용기가 필요한 법이다. 늘 하던 대로 하는 게 훨씬 편하고 안정적으로 느껴지겠지만, 결국엔 갑갑해질 것이다. 스스로 변화를 만들 시간을 주자. 자기 연민이 조금 더 자연스럽게 느껴진다면, 축하하자!

7월 7일

당신은 연민의 용사다. 당신은 사랑과 친절, 인내, 끈기의 힘을 기르는 훈련 중이다. 당신은 수치심의 그늘을 방어하고 빛의 자리를 지켜낸다. 당신이 속할 공동체를 찾고 경계를 설정한다. 건강한 의사 결정을 내린 전적이 있는 가족들을 늘 주변에 두고 긍정적으로 자신을 돌보는 법을 배운다. 성장하기 위해서는 기꺼이 고통을 감수한다. 당신은 이 세상을 복되게 할 선물을 가졌다.

7월 8일

감정 지능은 타인과의 공감, 공정성 그리고 자신감으로 상호작용하면서 자신의 감정을 확인하고, 통제하고, 나누는 능력이다. 감정 지능은 지적 지능만큼이나 중요하다. 감정 지능을 계발하는 과정에서 우리는 자신의 느낌을 더욱 자세히 관찰하고 통제한다. 이 과정은 자신의 감정을 확인하는 것부터 시작한다. 정서 언어가 다채로울수록 우리의 정서 장악력을 잘 구축할 수 있다.

7월 9일

진정한 용서는
'그런 경험을 하게 해주어서 감사합니다'
라고
말하는 것이죠.

_오프라 윈프리

7월 10일

스스로 위험을 무릅쓰는 것은 낚시와 같다. 어부가 그물을 던졌는데 아무것도 잡히지 않는 날이 있다. 온종일 기다렸는데 한 마리만 잡히기도 한다. 배를 한가득 채울 만큼 많이 잡히는 날도 있다. 아무도 모르는 것이다. 확실한 건 어부가 물속으로 그물을 던지지 않으면 아무것도 못 잡을 확률이 100퍼센트라는 것이다.

7월 11일

많은 이가 명상할 때는 머릿속을 완전히 비워야 한다고 착각한다. 이런 잘못된 믿음으로 명상을 시작하면 포기하기가 쉽다. 눈을 감고 명상을 시작한다. 몇 초 지나지도 않았는데 온갖 생각이 올라온다.

저녁은 뭘 먹지? 부장님께 업무 보고를 올렸나? 요즘 내 친구가 어떻게 지내나?

이런 생각이 든다고 깨닫는 순간 명상을 제대로 하지 않고 있다고 여긴다. 사실 제대로 하고 있는데도 말이다. 생각을 확인했다는 것은 다시 명상으로 관심을 되돌릴 수 있다는 의미다. 집중이 안될 때마다 사실 그들은 학습하고, 창조하고, 긴장을 풀 수 있는 신경학적 결합을 만드는 중인 것이다.

그러니 다음번에 명상할 때 잡생각이 들면 제대로 하고 있다고 보면 된다. 그리고 다시 명상에 집중해보자.

7월 12일

자기애 명상을 안내해주는 좋은 애플리케이션이나 팟
캐스트들이 많다. 인사이트 타이머(Insight Timer) 같은
애플리케이션을 내려받아 들어보자.

7월 13일

우리가 인생의 덧없음, 그 순간적인 즐거움과 피할 수 없는 고통을 완전히 이해할 때, 모든 남자와 여자가 피할 수 없는 운명으로 다가가고 있다는 사실을 받아들일 때, 그 의식은 우리를 더욱 친절하고 배려하도록 만들 것이다. 이 느낌은 우리에게 길 위에서 동료 여행자를 돕기 위해 최선의 노력을 기울이도록 하고, 우리의 나아갈 길을 더 밝고 쉽게 만들 것이다. 공통의 삶과 죽음을 겪어야만 하는 인생 여행자들이 서로 동지애를 품어 더 잘 이해하며, 깊은 동정심을 갖도록 해줄 것이다.

_클래런스 대로우,《클래런스 대로우의 본질적인 말과 글들
(The Essential Words and Writings of Clarence Darrow)》

7월 14일

서구 문화는 승리를 찬양한다. 우승자에게 초점을 맞추며 서서히 다른 모든 참가자를 지워버리는 리얼리티 쇼가 얼마나 많은지 생각해보자. 승리는 하나의 문화적 기대가 되어 우리에게 다른 모든 이보다 더 잘하라고 압박한다.

문제는 더 잘해야만 한다는 압박이 아니다. 우리가 항상 이길 수만은 없다는 점이 더 큰 문제다. 우리는 실수도 저지르고, 때로는 최선의 노력이 물거품이 되기도 한다. 우리가 다른 모든 이보다 더 잘해야 한다고 믿는다면, 수치심의 그늘이 덮쳐와 스스로 부족하다는 점을 상기시킬 것이다.

이러한 승자/패자 증후군에 대한 강력한 해결책이 있다. 다른 사람들과 경쟁하는 대신, 자기 자신의 성장에 집중하자. 스스로 최선의 결과를 성취하기 위해 노력하자. 동시에 다른 사람들과 좋은 관계를 쌓자. 누가 더 잘났다고 판단하는 것을 관두면, 우정을 쌓기는 훨씬 더 수월하다.

7월 15일

두려움은,
진실에 가까이 다가섰을 때
우리에게 나타나는
자연스러운 반응이다.

_페마 초드론,《모든 것이 산산이 무너질 때(When Things Fall Apart)》

7월16일

나는
내가 믿는 것을
성실하게
지지할 것이다.

7월 17일

다른 사람과의 신뢰 관계를 유리병에 비유해서 생각해
보자. 그 사람이 믿음을 주는 행동을 했거나 당신을 위
해 기대 이상의 일을 감당했다면, 유리병에 콩을 넣는
것이다. 얼마 안 가 유리병은 콩으로 가득 찰 것이다.

누군가 당신을 배신했다면, 유리병을 채우고 있던 콩들
은 빼내자. 당신의 신뢰를 저버린 사람은 신뢰를 쌓을
만한 행동으로써 다시 콩을 하나씩 하나씩 유리병에 채
워가야 한다. 진실한 행동을 할수록 병은 점점 더 빠르
게 채워질 것이다.

몹시 중요한 신뢰 유리병에 콩이 너무 조금만 채워져 있
음을 눈치챘다면, 그 사람과 대화를 나눠볼 좋은 기회
다. 이는 당신 스스로에 대해 점검해볼 좋은 기회이기도
하다. 누군가와의 관계에 높은 기대를 거는 것은 당신이
까다롭다는 의미가 아니다. 오히려 높은 기준이야말로
자기 자신을 사랑하는 데서 몹시 중요한 부분이다.

7월 18일

다크초콜릿은 영양가가 있을 뿐 아니라 녹차보다 항산화 효과가 세 배 높고 콜레스테롤 수치와 혈압을 낮춰준다. 그뿐만 아니라 엔도르핀을 분비해 기분을 좋게 해준다. 다크초콜릿은 뇌가 세로토닌을 생성하는 데 필요한 아미노산의 요소인 트립토판도 함유하고 있어 즐거움을 느끼게 해준다. 오늘, 다크초콜릿을 조금 먹고 환하게 웃어보자. 자신의 심신을 위해 뭔가 좋은 일을 해보는 것이다.

7월 19일

나는 회복력이 있는 사람이므로,
넘어지면 다시 일어난다.

7월 20일

피글렛은
비록
아주 작은 마음일지라도
꽤 많은 양의
감사를
담을 수 있다는 사실을
알아차렸다.

_A.A. 밀른, 《곰돌이 푸(Winnie-the-Pooh)》

7월 21일

최고의 자신이 되는 것을 방해하는 건 투쟁, 상처, 짐, 어려움 등이 아니다. 할 수 있다는 희망의 부재다. 때로 우리는 더 나아질 수 있다는 희망을 버린 채 포기하곤 한다. 과거에 이미 일어난 일은 바꾸기 어려울지 모른다. 하지만 희망을 품고, 꿈꾸고, 상상할 능력은 늘 우리 안에 있다.

7월 22일

한 손을 오목하게 만들어보자. 그리고 자신에게 말해보자.
"나는 내가 누군지 알아."
몇 번 반복해서 말하자. 이제 다른 손을 오목하게 만들
고 말해보자.
"나는 나답지 않은 게 어떤 건지도 알아."
이 말 또한 반복해서 말해보자. 이제, 한 손을 다른 손에
포개며 말해보자.
"그리고 이게 바로 나야, 나."

7월 23일

일기장과 타이머를 준비하자. 타이머를 15분으로 맞추고 힘들었던 경험에 관해 써보자. 트라우마, 어려움, 화가 치미는 기억 등 생각하기조차 싫은 경험들 말이다. 타이머가 울리면 그만 쓰자. 일기장을 덮고 다음 날 다시 일기장을 펴서 같은 경험에 관해 써보자. 나흘간 반복해보자. 그게 다다. 이후 어떤 변화가 나타나는지 살펴보자.

7월 24일

목적을 알면 확실히 기쁨과 만족감이 훨씬 더 상승한다.
스스로 질문해보자.
'누군가를 위해, 혹은 어떤 대의나 기관을 위해 일하고
싶은가?'
그런 곳이 있다면 찾아서 당신이 무엇을 도울 수 있는지
알아보자.

7월 25일

우리는 신뢰할 수 있을 때 자신감을 가지고 자기 자신을 드러낸다. 때때로 우리는 가면증후군(사기꾼증후군)을 겪는데, 이는 자신이 하는 일이나 성취한 일을 할 능력이 충분한데도 자신을 의심하고 남을 속이고 있다고 느끼는 아주 흔한 현상이다. 가면증후군을 이겨내는 강력한 방법은 다음의 질문을 던져 자기 의심이나 자신감 부족과 싸우는 것이다.

'그게 정말 진실일까?'

스스로를 괴롭히는 불안 심리에 조금이라도 잘못된 생각이 있다면, 그 부분을 깔끔하게 떼어내자! 그런 다음 '무엇이 진실인가?'라고 자문해보자. 무엇이 진실이고 무엇이 거짓인지 확인되었다면, 진실을 바탕으로 자기 자신을 판단하고 자신감과 진정성으로 더 나은 위치를 확보하자.

7월 26일

타임머신을 타고 어린 시절로 돌아가는 상상을 해보자. 어린 당신이 알고 싶어 하던 모든 걸 알려주고 사랑과 연민을 보여줄 좋은 기회다. 수년간의 경험을 통해 배운 것을 바탕으로 어떤 격려의 말을 해줄 수 있을까?

7월 27일

피드백을 받는 것은 여러 경험 중 가장 상처받기 쉬운 경험이다. 우리는 다양한 상황에서 피드백을 받는다. 취업에 도전할 때, 시험을 치를 때, 스포츠 경기에 나갔을 때, 심지어 SNS에 글을 올렸을 때도 그렇다. 우리는 더 나아지려는 욕망으로 고군분투하면서도 거절당해 상처받을까를 걱정한다. 모순적이지만 개선되기 위해서는 피드백이 필요하다.

자신을 사랑하는 연습은, 특히 상처가 깊고 고통스러울 때 겸손하게 용기를 내어 다시 시도하기 위한 필수 과정이다. 스스로 질문하자.

'이 피드백이 어떻게 나를 더 나은 사람으로 만들어줄까?'

7월 28일

긍정의 말을 써보자. 이 책의 앞부분과 뒷부분을 훑어 오늘 읽으면 좋을 만한 부분을 찾자. 온라인에서 구해도 좋고 스스로 만들어내도 좋다. 적어도 열 번 이상 큰 소리로 읽으며 스스로 상기하자.

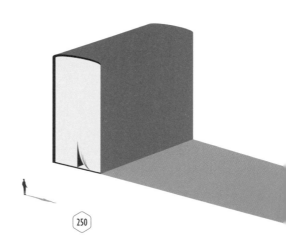

7월 29일

어떤 엄마가 네 살짜리 아이에게 왜 계속 구석으로 가냐고 짜증을 내며 꾸짖는다.

"구석에 가서 놀지 말라고 내가 몇 번 말했지?"

분명 그 엄마는 아이가 다칠까 걱정됐을 것이다.

그러자 조그마한 꼬마가 대답했다.

"엄마가 여러 번 말하긴 했는데, 구석이 뭐예요?"

그 즉시 엄마의 화가 가라앉았고, 엄마는 자신의 아이가 생각보다 어려서 말을 이해하지 못했다는 사실을 깨달았다.

우리가 뭔가를 이해하지 못하면, 상대방은 우리에게 짜증을 낼 수도 있다. 제대로 이해하기 위해 질문하고 확인하는 용기를 갖자.

7월 30일

우리는 실수를 저지르고 나서 상대에게 해명하려고 한다. 상대가 실수를 저질렀을 때 당신의 기분은 어떤가? 당신은 상대의 입장에 공감하는가, 아니면 상대를 비난하는가? 상대를 비난하려는 경향은 주로 자기 자신의 수치심의 그늘에서 비롯되는데, 스스로 잘못을 저질렀을 때도 자책하는 원인이 된다. 그래서 우리는 상대가 우리에게 친절하길 바라면서도 스스로에게는 친절하기 힘들어하고, 결국 상대에게 친절하기가 더 힘들어진다. 자기 자신을 사랑하는 연습을 더 많이 할수록, 상대에게도 더 관대해질 것이다.

7월 31일

당신은 당신의 고통과 비탄이 세계 역사상 유례가 없다고 생각하지만, 책을 읽어보라. 나를 가장 괴롭게 했던 일들이, 지금껏 살아 있는 혹은 살았던 모든 사람과 나를 연결해주는 것이었다는 사실을 바로 책들이 가르쳐주었다.

_제임스 볼드윈(미국의 소설가)

August

8

진정한 명상은
당신이 살아가는
방식이다.

8월 1일

한 소년이 〈피터 팬〉 초연을 보러 갔다. 공연이 끝나고 소년은 연극 관람 중 언제가 가장 재밌었냐는 질문을 받았다. 해적이나 개가 등장할 때? 아니면 어린이들이 하늘을 날아다니는 부분? 소년은 공연 중 가장 재밌었던 순간은 발코니에 앉아서 프로그램 안내장을 잘게 찢은 뒤 아래 있는 사람들 머리 위로 눈처럼 흩뿌리던 때였다고 대답했다.

〈피터 팬〉 원작자인 제임스 매튜 배리는 이 대답을 듣고 크게 웃었다. 그는 소년의 대답을 작품에 대한 모욕으로 받아들이지 않았다. 오히려 그는 이 장난꾸러기 소년과 피터팬이 서로 많이 닮았다고 생각했다.

우리는 혹시 우리의 작업물에 대한 누군가의 비판이나 무관심 혹은 부정적 피드백을 우리 자신에 관한 것으로 내면화하지는 않는가? 저 반응들을 자기 연민의 마음으로 받아들이면, 타인의 반응에 상처받지 않을 수 있다. 그 대신 자기 자신과 타인 모두를 연민과 사랑으로 바라보아야 한다. 타인의 행동은 그가 어떤 사람인가를 드러내는 것이지 우리에 관한 것이 아니다.

오늘 그 어떤 것도 자신의 문제로 받아들이지 않겠다는 목표를 세워보자.

8월 2일

사랑한다는 것은 상처받을 수 있는 위험에 자신을 노출하는 행위입니다. 무언가를 사랑하면 당신은 분명 마음이 아플 것이고, 어쩌면 마음이 부서져버릴 수도 있습니다. 마음을 전혀 다치지 않고 고스란히 간직하고 싶다면, 누구에게도, 심지어 동물에게도 마음을 줘서는 안 됩니다. 마음을 취미와 작은 사치로 조심스레 감싸두세요. 또 모든 얽히고설킨 관계를 피하세요. 마음을 당신의 이기심이라는 작은 상자 안에만 넣어 안전하게 잠가두세요. 그러나 그 안전하고, 어둡고, 움직임도 공기도 없는 상자 안에서도 그것은 변할 것입니다. 부서져버리지는 않겠지만, 깨뜨릴 수도, 뚫고 들어갈 수도, 구원받을 수도 없는 상태가 되어버릴 것입니다.

_C. S. 루이스,《네 가지 사랑(The Four Loves)》

8월 3일

'나는 뭐가 잘못된 거지?'라고 묻지 말자. 그 대신 '나의 어떤 점이 좋은가?', '어떻게 하면 그 장점을 강화할 수 있을까?'라고 묻자.

8월 4일

혹시 수치심의 영향으로 자기계발에 긍정적 효과를 일으킨 적이 있는가? 수치심의 그늘은 우리가 목표 지점에 다다르려고 애쓰다가 실패했다고 느낄 때 가혹하게 다가온다. 현명하고, 경험이 풍부하고, 사랑이 많은 사람이라면 우리가 목표에 도달하는 과정에서 뭐라고 조언해줄까?

잠깐 시간을 내어 그동안 듣고 읽은 것 중 가장 자신감을 북돋워주고 동기부여가 된 진실이 무엇인지 생각해보자. 그것을 쪽지에 적어 일상에서 볼 수 있는 곳에 붙여두자.

8월 5일

공감은
복잡하고,
까다롭고,
강인하면서도,
동시에 섬세하고,
온화한
존재의 방식이다.

_칼 로저스(미국의 심리학자)

8월 6일

연구에 따르면, 우리가 다른 이들과 연결되어 있다는 아
주 미세한 감각이 사려 깊은 행동을 하도록 한다. 오늘
어디를 가든 주위를 둘러보자. 우리가 타인들과 연결되
어 있음을 상기시켜주는 것들에는 무엇이 있는가?

8월 7일

나는
똑똑한 것이 아니라
단지
문제를
오래 연구할 뿐이다.

_알베르트 아인슈타인

8월 8일

애착 손상에 초점을 두기는 쉽다. 그러나 거기에 집중하면 손상을 입힌 사람들에게 의도치 않게 집착하게 된다. 그런 집착은 우리의 고통을 영속시킨다. 우리는 심지어 답이 없는 질문에 빠져 이러지도 저러지도 못한다.
'왜 내게 이런 일이 일어났을까?'
하지만 더 나은 질문 방법이 있다.
'이 상처 덕분에 나 자신을 더 사랑하고, 내 주변의 아름다움을 더 선명히 볼 수 있겠지?'

8월 9일

식물의 줄기나 잎 따위는 볕이 강한 쪽으로 자라나는 성질을 가지고 있다. 이 성질 때문에 꽃들은 자라는 동안 태양을 바라보게 된다.

우리 역시도 빛 안에서 번성하는 존재다. 우리는 희망에서 영감을 얻고, 기쁨으로 빛나며, 사랑을 밝혀주는 쪽으로 끌린다. 자신을 사랑한다면 당신의 하루를 밝혀주는 무언가를 향해 몸을 돌려 걸어가자.

8월 10일

누구든
당신을 화나게 할 수 있다면
그가
당신의 주인이 될 것이다.

_에픽테토스

8월 11일

나는
완벽해야만 한다는
욕구를 내려놓는다.
나는
나 자신을
견디고 인내한다.

8월 12일

생명의 피를
진홍빛으로 빛나게 하는 것은
용기, 용기, 용기다.
용감하게 살고
역경에 용감하게 맞서라.

_호라티우스(고대 로마의 시인)

8월 13일

운동선수들은 최상의 컨디션으로 경기에서 승리하거나 끝까지 완주하는 자신들의 모습을 상상하곤 한다. 우리도 이 방법을 적용해보자. 자기 자신이 사려 깊고 용감한 사람이 된 모습을 상상하며 이런 상상이 우리의 관점에 어떤 변화를 가져오는지 지켜보자.

눈을 감고 천천히 숨을 들이마시자. 이제 우리 앞에 서 있는 자신의 모습을 떠올리자. 그 사람을 연민과 사랑의 마음으로 바라보자. 상상 속 내가 보고, 듣고, 맛보게 될 것과 몸과 마음으로 느끼고 심지어 냄새 맡게 될 것들도 떠올려보자. 가능한 한 생생하게 말이다. 준비됐다면, 상상 속 다른 자신에게 들어가보자. 우리가 상상했던 것이 우리의 일부가 되게 만들자. 그 경험을 들이마신 다음 이 문장을 완성해보자.

'나는 이제 더 .... (하)다.'

8월 14일

나는
내가 추구하는
가치에 맞는 행동을
취하고 있다.

8월 15일

우리가 스스로
다정하게 대하는
방법을 배우기만 하면,
타인에 대한 공감이
한결 쉬워진다.

8월 16일

아름다운 목소리를 가진 어느 가수는 지역 요양원에서 자주 미니 콘서트를 열었다. 어느 날 콘서트 중에, 관중석에 앉아 있던 연약한 할머니 한 분이 노래를 따라 부르기 시작했다. 가수에게 그것은 흔한 장면이었지만, 이상하게도 노래를 계속 부르자 다른 관중들이 훌쩍이기 시작했다. 콘서트가 끝나고 관중과 악수를 나누는 가수에게 누군가 다가와서 가수를 꼭 안아주었다. 그 관객은 노래를 따라 부른 할머니의 딸이라고 자신을 소개하며, 어머니가 몇 년 전 뇌졸중을 앓아 언어로 대화하는 능력을 잃었다고 고백했다. 그후로 어머니가 단어를 사용해 말을 한 것은 오늘 콘서트가 처음이라는 것이었다.

음악에는 대단한 힘이 있다. 영화와 텔레비전 쇼에서 배경음악을 사용하는 주된 이유는 우리의 감정을 고양시키기 위해서다. 음악은 듣는 이가 흥분, 사랑, 즐거움을 비롯한 모든 종류의 감정을 느끼도록 해준다. 그것은 공유되는 것이다. 다른 팀빌딩(team-building, 경영 기법에서, 우수한 인재들이 모여 형성된 집단이 기대와 달리 능력을 펼치지 못하는 경우에 원인을 진단하여 해결 방안을 모색하는 일) 활동은 하지 못하는 방식으로 우리를 하나로 묶어준다.

오늘 이런 음악의 힘을 활용해보자. 당신을 더 즐겁게 하고, 위로하고, 혹은 영감을 주는 음악을 듣자. 음악을 타고 몸을 움직여보자.

8월 17일

스스로를 잘못된 방식으로 다그치는 사람들이 있다. 그들은 항상 우리를 화나게 한다. 그런 사람들과의 교제를 피하고, 무시하고, 난처하게 만들고 싶었을 수도 있다. 그러나 우리가 자신을 사랑하는 연습을 하면, 이런 상황을 오히려 배움의 기회로 만들 수 있다.

그들과 가까이 지내면 애착 손상이 발생할 수 있다. 그들은 우리 주변에서 간혹 당신이 스스로에 대해 부정적 신념을 갖도록 부채질할 수도 있다. 그들은 우리가 과거에 만났던 사람을 상기시키기도 한다. 어쩌면 그들은 우리가 싫어하는 속성을 대신 보여주고 있는 것일 수도 있다.

이런 가능성을 생각해보면 우리와 그들의 관계에서 일어나는 일에 대한 더 선명한 그림을 그릴 수 있다. 어쩌면 그들이나 자신에 대해 가장 정직하게 그리고 정확하게 보지 않고 있었음을 깨달을 수도 있다. 한번 다른 관점에서 보자. 그 사람에 대한 느낌에 어떤 변화가 생기는가?

8월 18일

희망은 회복력과 자기애의 필수 요소다. 시간을 내어 다음 질문들에 대한 답을 일기장에 써보자.

당신은 어떤 희망을 품고 있는가? 살면서 희망이 없다고 느낀 적이 있는가? 여전히 그렇게 느끼는가? 그렇지 않다면, 어떤 변화가 있었는가? 희망은 당신의 회복력과 자기애를 기르는 데 어떻게 도움을 주는가?

8월 19일

누군가가 걱정이나 좌절감 혹은 궁지에 빠진 상황 등을
표현하면, 우리는 그들의 말을 들으려 하지 않고 즉시
문제 해결 방안을 제시하려 한다. 우리의 걱정은 연민
어린 마음에서 나온 것이다. 하지만 그런 반응은, 특히
상대가 해결 방안을 묻지 않은 경우라면, 우리가 상대의
문제 해결 능력을 신뢰하지 못한다는 무언의 메시지를
전할 수도 있다. 그들은 그냥 누군가가 들어주길 바랐을
가능성이 높다.

한 단계 더 나아가, 우리는 문제를 해결해주지 않으면
우리 스스로가 부정적으로 보일 수 있다고 믿는다. 우리
는 비판받지 않으려고 자신을 보호하는 셈이다.

만일 누군가가 당신에게 어떤 불행한 상황에 대해 털어
놓는다면, 그 일을 바로잡아주고 싶은 압박감이 느껴지
는가? 답과 해결책을 내놓을 생각은 관두자. 숨을 한번
크게 들이쉬고 그냥 들어주자.

8월 20일

나는 상처 입은 사람에게 어떤 느낌인지 묻지 않고,
내가 스스로 그 상처 입은 사람이 되어본다.

_월트 휘트먼(19세기 미국의 시인), 《나 자신의 노래(Song of Myself)》

8월 21일

목록을 작성해보자. 자기 자신에 대해 가장 좋아하는 특성을 몇 가지 써보는 거다. 당신은 어떤 재능이 있는가? 당신을 특별한 존재이게 하는 것은 무엇인가?

목록을 완성하는 데 시간이 조금 걸릴 순 있지만, 조급해하지 말자. 몇 가지만 떠올라도 쓰고, 또 다른 특성이 생각나면 하나씩 쓰면 된다. 작성한 목록은 자주 볼 수 있는 곳에 두고 자신의 좋은 점이 떠오르거나 새로운 점을 발견할 때마다 추가하자.

8월 22일

아이들이 노는 소리에 귀를 기울여보면, "다시 해보자!", "또 하자!"라는 말이 자주 들린다. 게임의 결과가 원하는 대로 나오지 않으면, 아이들에겐 다시 시도해볼 기회가 생기는 셈이다.

자기 연민을 연습할 때, 우리 입에서 나온 말이 친절하거나 사랑스럽지 않을 수 있다. 그럴 때는 우리도, 달리기 경주를 하는 아이들처럼 스스로 '다시 해보자'라고 말함으로써 의도한 대로 즉시 행동을 바꿀 수 있다. 과거를 바꿀 순 없지만, 삶이 허락하는 한 '다시 해보기'를 반복하며 사랑하고, 용서하고, 자기를 아끼고, 원하는 모습에 온전히 이를 수 있도록 시도하자.

8월 23일

만일 방울뱀에게 물렸다면, 당신은 그 즉시 방울뱀을 죽일 수도 있고 상처를 돌볼 수도 있다. 그런데 방울뱀을 공격하려고 힘을 쓸수록 독은 몸속으로 더 빠르게 퍼질 것이다. 마찬가지로, 타인의 행동에 상처를 받았을 때 우리는 두 개 중 하나를 선택할 수 있다. 상처 입힌 사람을 쫓아가거나 아니면 자신의 상처를 돌보고 치유할 방법을 찾거나.

8월 24일

자신의 취약함을 드러내려면 관계의 안전성이 보장되어야 한다. 누구나 당신의 사적인 이야기를 들을 특권을 갖는 건 아니다. 낯선 이가 허락도 구하지 않고 당신의 삶에 관한 얘기를 늘어놓은 적이 있는가? 두 사람이 서로 간의 안전한 관계를 구축하지 않은 상태라면 그런 상황은 불편하게 마련이다.

솔직한 이야기를 터놓기에 안전한 상황은 기본적으로 다음 두 가지다. 첫째, 누군가에게 도움이 필요하면, 그에게 솔직한 이야기를 들려줄 수 있다. 둘째, 만일 나의 이야기가 상대방에게 힘을 주고 도움이 될 수 있다고 생각하면, 내 이야기를 들려준다.

둘 중 어떤 경우도 아니라면, 나는 솔직한 이야기는 털어놓지 않는다. 굳이 숨기려는 건 아니지만, 내 이야기는 소중하고, 모두가 그걸 들을 권리는 없기 때문이다.

당신의 이야기를 듣고 힘을 얻거나 도움을 받을 만한 사람은 누구인가? 당신이 열린 마음으로 솔직한 이야기를 털어놓기 위해 그 사람과의 안전한 관계가 구축되었는지 먼저 생각해보자.

8월 25일

진정한 명상은
당신이 살아가는
방식이다.

_존 카밧-진(미국 매사추세츠대학교 의과대학 명예교수,
마음챙김 스트레스 완화MBSR 프로그램 창시자)

8월 26일

환자들에게 '공원 처방'을 내리는 의학 전문가들이 점점 늘고 있다. 이 처방은 밖으로 나가 햇살 아래서 맑은 공기를 들이마시고, 핸드폰이나 컴퓨터 없이 시간을 보내며 세상을 만끽하라는 의미다. 야외로 나가면 스트레스가 줄고, 행복감이 증대되며, 불안감 해소와 심장 건강에도 이롭다.

공원 처방을 받기 위해 병원을 찾을 필요는 없다. 스스로 처방을 내리자. 산에 오르고, 정원에서 쉬고, 빗속에서 춤을 추고, 노을을 바라보자.

8월 27일

산을 오르자.
탐험을 떠나자.
새로운 경험을 하며
즐거움을 누릴
새로운 장소를
찾아 나서자.

8월 28일

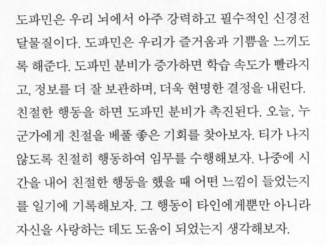

도파민은 우리 뇌에서 아주 강력하고 필수적인 신경전달물질이다. 도파민은 우리가 즐거움과 기쁨을 느끼도록 해준다. 도파민 분비가 증가하면 학습 속도가 빨라지고, 정보를 더 잘 보관하며, 더욱 현명한 결정을 내린다. 친절한 행동을 하면 도파민 분비가 촉진된다. 오늘, 누군가에게 친절을 베풀 좋은 기회를 찾아보자. 티가 나지 않도록 친절히 행동하여 임무를 수행해보자. 나중에 시간을 내어 친절한 행동을 했을 때 어떤 느낌이 들었는지를 일기에 기록해보자. 그 행동이 타인에게뿐만 아니라 자신을 사랑하는 데도 도움이 되었는지 생각해보자.

8월 29일

조각가 두 명이 몇십 톤이나 되는 거대한 대리석 기둥에 뭔가를 조각하려고 나섰다. 첫 번째 조각가가 끌로 대리석을 긁자 대리석 덩어리가 떨어져 나갔다. 그는 망가진 대리석이라 생각해 일을 그만두었다. 다른 조각가 역시 작업을 제대로 완성하지 않은 채 포기해버렸다. 이후로 다른 어떤 조각가도 이 작업을 끝낼 엄두를 내지 못했고, 그래서 수십 년간 대리석 기둥은 채석장 한쪽 구석에 방치되었다.

어느 날, 20대의 한 젊은이가 작업을 의뢰받았다. 미켈란젤로는 대리석 기둥을 자세히 살피며 그 안에 갇힌 무언가를 마음속에 그렸다. 그는 차분히 계획을 세워 천천히 대리석을 긁기 시작했다. 2년 반 후, 그는 피와 땀을 들인 고생스러웠던 작업을 끝냈다. 드디어 예술사에 한 획을 그은 다비드상이 세상에 모습을 드러냈다.

우리는 처음 대리석 기둥을 마주한 조각가들이 대리석 덩어리를 보듯 자기 자신을 보는 경향이 있다. 망가진 대리석에서 불완전하고, 파괴되고, 버려진 모습만 포착한다. 그들은 맡아야 할 작업에 버거워하고 압도당한다. 미켈란젤로가 발견한 가능성을 미처 보지 못해, 차분히 기다리지도, 조각하거나 다듬지도 못하는 것이다.

대리석 덩어리와 마찬가지로, 우리 안에는 놀라운 잠재력이 있다. 우리는 가치를 매길 수 없는 예술 작품이며, 드러나는 순간을 위해 단지 인내하고 있을 뿐이다.

8월 30일

오늘 결정을 내려야 한다는 걸
본능적으로 알면서도,
계속 미루고 있지는 않은가?

8월 31일

만트라는 명상을 도와주는 가장 일반적인 도구다. 여러 언어 문화권에서 만트라가 사용되고 있다. 만트라는 산스크리트어로 '정신의 도구' 혹은 '정신의 매개체'라는 뜻이다. 단어, 소리 또는 문구를 사용해 심신을 정화할 수 있다. 만트라를 외우면 일시적으로 발생해 흩어진 생각들을 한데 모을 수 있다. 정신을 집중해서 다른 모든 소음과 걱정, 기억, 방해되는 생각 들을 떨쳐버리고 명상을 하는 것이다.

가장 잘 알려진 만트라는 '음'이라는 소리를 반복적으로 내거나 마음으로 생각하는 것이다. 만트라 명상을 어떻게 하는지 알려주는 매체가 다양하니 한번 찾아보자.

오늘 자신을 위한 만트라를 선택하자. 인터넷 혹은 서적에서 찾거나 스스로 만들어내도 된다. 선택한 만트라를 사용해 명상을 시도해보자.

September

9

오늘
누군가를 미러링해보자.
그러고 나서
어떤 일이 일어났는지를 살피자.

9월 1일

우리는 우리 스스로 하는 일이 바다의 물방울 하나에 불과하다고 느낍니다. 그러나 그 사라진 물방울 하나 때문에 바다는 그만큼 줄어들 것입니다. 저는 뭔가를 할 때 일을 크게 벌여야 한다고 생각하지 않습니다. 중요한 것은 개인적인 실천입니다.

_마더 테레사

9월 2일

원하는 건 무엇이든 하고야 만다는 반항적 자아에 대한
인정이 꼭 자기애는 아니다. 우리가 맡은 책무를 끝까지
완수하는 것은 스스로 자신이 중요한 사람임을 증명하
는 좋은 방법이다. 만일 동료나 친구가 당신과의 약속에
일관된 책임을 다하지 않는다면, 그들을 신뢰하기란 얼
마나 어렵겠는가? 자기 자신과의 신뢰를 쌓는 것도 마
찬가지다. 자신과의 약속도 끝까지 이행해야만 스스로
신뢰할 수 있다는 사실을 알려주자.

9월 3일

자신의 심신을 돌보고 보호하는 일은 중요하다. 영혼을
돌보는 일도 그에 못지않게 중요하다. 영혼에 자양분을
주는 방법은 다양한데, 좋아하는 노래를 부르거나, 명상
오디오를 듣거나, 긍정적인 메시지를 주는 책을 읽으며,
타인에게 친절을 베풀고, 감사를 실천하는 것도 좋다.
오늘 한 가지 방법을 택해 실천해보자.

9월 4일

저명한 피아니스트 겸 작곡가 이그나치 얀 파데레프스키는 이렇게 말했다.

"하루만 연습을 빼먹으면 느낌이 다르다. 이틀 거르면 비평가들이 눈치를 챈다. 사흘을 쉬면 관객도 안다"

악기를 연습하건, 수학 문제를 풀건, 건강한 몸을 만들건, 모든 일에는 자기 수양이 필요하다. 수양이라고 하면 무겁고 피곤하게 들리겠지만, 자기 수양을 연습해보면 우리는 자유로워진다. 이전에 없던 가능성이 열리기 때문이다.

날마다 자신과 타인을 향해 사랑을 표현하는 연습도 마찬가지다. 이런 연습은 모든 새로운 가능성을 열어준다. 당신이 경험하는 자유와 자신과 세계에 대해 배워가는 것들, 그리고 결과적으로 새롭게 열린 문들이 당신을 놀라게 할 것이다.

9월 5일

나는
무엇이든
극복할 수
있다.

9월 6일

눈을 감자. 마음의 눈으로 당신에게 안정과 지지를 보내주는 몇몇 사람의 얼굴을 떠올려보자. 누가 떠오르는가? 이제 스스로 물어보자. 누구와 함께 축하하고 싶은가? 누구에게 안아달라고 하겠는가? 누가 당신을 웃게 하는가? 누구와 함께 있을 때 즐거운가?

다른 사람들이 당신을 떠올릴 때는 위 특성 중 어떤 게 떠오를지도 생각해보자. 아마 당신의 꾀바른 유머일 수도 있다. 아니면 그들이 험난한 길을 통과할 때 당신이 꾸짖거나 비난하지 않는 점을 좋아할 수도 있다. 누군가는 당신의 조용함과 신중함을, 또 누군가는 활기 넘치는 열정을 좋아할 수 있다. 그 누구도 사람들이 좋아할 만한 모든 특성을 가질 수는 없지만, 그들이 당신의 밝고, 재밌고, 따뜻한 면에 의지하게 만들 수는 있다.

9월 7일

고대 폴리네시아인들은 작은 이중 선체 카누를 타고 나침반도 없이 섬과 섬 사이를 항해했다.

그들은 어떻게 방향을 찾았을까? 그들은 별이 뜨는 방향을 기억해두었다가 수평선을 따라 방향을 찾았다. 그런 방식을 통해 이미 지나온 항로를 기록한 다음, 조금씩 항로를 변경하며 목적지에 도착할 때까지 항해했다.

우리는 삶이라는 바다의 한가운데서 길을 잃고 추위에 떠는 경험을 할 때가 있다. 길을 잃었다고 느낀다면 뒤를 돌아 우리가 있던 곳의 빛을 바라보자. 당신의 삶에서 빛은 누구였는가? 그들은 당신이 혼자가 아니라는 사실을 상기시켜준다.

9월 8일

나는 실패를 받아들일 수 있다. 모든 사람은 무언가에 실패하게 마련이니까. 하지만 난 시도조차 하지 않는 것은 받아들일 수 없다.

_마이클 조던

9월 9일

당신은 완벽주의자인가? 때로 완벽주의는 자신을 사랑하는 데 방해가 된다. 가능한 한 뭐든 최고로 해내길 바라는 건 인간의 일반적 욕망이다. 그리고 무엇이든 간에 완벽한 경우는 드물다. 이 점을 인정하자. 현자는 "지나친 완벽함은 오히려 독이 될 수 있다"라고 말했다. 우리의 기대에 현실감을 부여할 때 우리는 훨씬 지혜롭게 살수 있다. 상상한 만큼 완벽함의 절정에 이르지 않았어도 감사함과 만족감을 얻을 수 있고, 그것만으로도 충분하다고 느낄 수 있다.

9월 10일

거울을 보자. 자신의 두 눈을 들여다보자. 어려울지도 모르겠다. 아마 그동안 자신의 눈을 쳐다보는 걸 피했을지도 모르겠다. 그래도 괜찮다. 지금은 자신의 두 눈을 바라보는 데 집중하자. 그리고 다음과 같이 세 번 큰 소리로 말해보자.

내가 건강하기를.
오늘 내가 즐거움과 평화
그리고 사랑을 경험하기를.
내가 고통에서 자유롭기를.

9월 11일

미러링이란 상대방의 행동이나 몸짓을 거울 속에 비친 모습처럼 따라 하는 것을 말한다. 미러링은 타인과 관계 맺는 강력한 도구다. 이 방법은 타인을 이해하는 데 도움 될 뿐만 아니라 우리 스스로에게도 이롭다. 우리가 타인을 미묘한 방식으로 따라 할 때, 타인과 우리 자신에게서 일어나고 있는 일들을 깊이 인지할 수 있다.

오늘 누군가를 미러링해보자. 그러고 나서 어떤 일이 일어났는지를 살피자.

9월 12일

불가능한(impossible) 것은 없다.
단어 자체가
'나는 가능하다(I'm possible)!'라고
말하고 있다.

_오드리 헵번

9월 13일

화는 우리의 동의 없이 뭔가를 빼앗겼다는 느낌에서 비롯된다. 그런데도 우리는 때로 화의 감정을 말로 표현하기를 겁낸다. 심지어 우리는 성장하는 동안 화를 표현하면 좋지 않다고 배워왔다.

때때로 우리는 격렬하고 두려울 정도의 화를 내면에 품고 있다가, 화를 드러내서는 안 된다는 신념을 굳히기도 한다. 그러나 건강한 방식으로 화를 표현하면 자유로워진다. 당신이 화났고 그 이유가 무엇인지를 말하면, 스스로의 가치 체계에 따라 조화롭게 행동을 취하고 원하는 결과에 이르는 힘을 더 강화할 수 있다.

건강한 방식으로 화를 표현하는 게 두려울 수도 있다. 이때는 화라는 감정을 드러내며 자신을 친절하게 대하자. 화가 났었지만 참았던 기억을 기록해보자. 누군가가 화와 존중을 동시에 표현했던 일을 떠올리고 기록하자. 화를 두려운 방식으로 표현했던 기억을 써보자. 화를 표현하는 데서 당신은 어떤 신념을 갖고 있는가?

9월 14일

나는 잠이 들었고
삶이 기쁨이라는
꿈을 꾸었다.
잠에서 깨어나
삶이 봉사라는 걸
깨달았다.
내가
행동하며 바라보니,
봉사가 기쁨이었다.

_라빈드라나드 타고르(인도 시인, 아시아 최초의 노벨 문학상 수상자)

9월 15일

자신을 신뢰할 때 친절과 연민을 베풀기가 훨씬 쉬워진다. 누군가 우리를 거절한다 해도 수치심과 두려움에 휘말리지 않는다. 비밀을 꼭꼭 숨겨야 할 필요를 느끼지않는다. 우리는 자유롭다. 맘껏 사랑할 수 있다. 한없는친절을 베풀 수 있다. 부정적인 생각에도 도전하게 된다. 친절을 베풀수록 스스로 솔직해지고 싶어진다. 자신에게 솔직할수록 자기 자신에게 친절해지기도 더 쉽다.

9월 16일

다양한 색깔의 자연식품으로 이뤄진 건강한 식단을 준
비하자. 초록, 빨강, 노랑, 주황, 보라색의 신선한 재료로
요리를 만들어 맛있게 먹고 사랑하는 사람과도 나눠보자.

9월 17일

전국적으로 마을 환경을 개선하는 날, 조그마한 마을의 주민들이 망가진 공원을 청소하기 위해 모였다. 어린이들은 오랫동안 그 공원을 찾지 않았다. 놀이기구는 부서졌고 온통 잡초만 무성했으며, 그라피티가 여기저기 그려져 있었다. 얼마 안되는 참가자들은 시작하기도 전에 지친 얼굴이었다. 아주 무덥고 긴 하루가 될 것이었다.

갑자기 트럭 한 대가 오더니 지역 대학에 다니는 젊은 학생 한 무리가 내렸다. 음악을 크게 틀어놓은 덕에 사람들은 일하는 내내 활짝 웃고 노래를 불렀다. 몇 시간 지나지 않아 공원 전체가 깔끔해졌다.

이 세상에는 할 일이 참 많다. 오늘 자원봉사자가 되어 자신을 사랑하는 법을 실천해보자. 동물 보호소의 외로운 고양이와 친구가 될 수도 있고, 지역 푸드뱅크에 일손을 보탤 수도 있으며, 공연장에서 안내를 도울 수도 있다. 당신의 손길을 필요로 하는 곳은 생각보다 아주 많다. 당신의 재능을 누구에게 나눠주고 봉사할지 생각해보자.

9월 18일

자신의 힘을 인식하는 것은 회복력을 기르는 좋은 방법
이다. 자신이 어떤 점에 강한지 생각나는 것을 한번 써
보자. 더는 생각나지 않는다면 당신을 사랑하는 사람에
게 물어보자.

9월 19일

시간이 가장 넉넉한 사람이 시간에서 최소한의 이익을
얻는 모습을 자주 보았다. 흥미로운 주제에 관한 연구에
하루 한 시간만 꾸준히 투자한다면, 예상치 못한 지식을
쌓게 될 것이다."

_윌리엄 채닝(미국 유니테리언파 목사)

9월 20일

당신이 저지른 실수 한 가지를 떠올려보자. 부끄러워할
필요 없다. 과거를 돌아보면 더 나아질 방법을 배울 수
있다. 실수를 통해 성장해본 적 있는가? 과거의 실수에
서 뭔가를 배운 자기 자신에게 고마운 마음을 갖자.

9월 21일

우리는 모두 수치심과 싸운다. 우리가 부적절하고, 약하고, 가치 없다고 말하는 메시지들과 늘 씨름하는 것이다. 그런 수치심 때문에 특히 힘들었던 경험을 떠올리며 무슨 일이었는지 써보자.

자신이 쓴 내용에서 한 발짝 물러나, 그 내용이 상황에 대한 사실 100%인지 생각해보자. 사실이라는 것은 당신이 보고, 냄새를 맡고, 맛보고 혹은 만질 수 있는 것들이다. 그런 것들은 동영상으로도 찍을 수 있는 것들이다. 사실은 생각, 느낌 혹은 해석과는 종류가 다르다. 당신이 쓴 내용 중 사실에 해당하는 것에만 동그라미 쳐보자.

동그라미를 몇 개나 쳤는가? 아마 생각보다 적을 것이다. 동그라미 친 것들로만 다시 이야기를 써보기 바란다. 새로 쓴 이야기를 읽으니 어떤 느낌이 드는가?

9월 22일

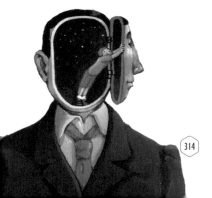

타인과
유대를 형성하려면
자신의
취약한 부분을 드러내는
위험을 감수해야 한다.

_브레네 브라운(심리 전문가, 휴스턴대학교 사회복지대학원 연구 교수),

《나는 불완전한 나를 사랑한다(The Gifts of Imperfection)》

9월 23일

살아오면서 힘들었던 경험을 시간순으로 정리해보자. 아주 오래전 태어난 순간까지 되돌아가도 되고, 비교적 최근의 경험을 기준으로 정리해도 된다. 정리가 다 끝나면, 사건마다 '천사'나 사랑, 응원, 보호 그리고 격려해준 사람들이 누구였는지 살펴보자. 그들의 이름을 적은 목록을 만들자. 이 과정에서 당신은 생각보다 많은 이의 도움을 받았음을 깨달을 것이다. 이 발견에 대해 곰곰이 생각해보자.

9월 24일

나는
절대로 포기하지 않는다.
나는
계속해서 전진한다.

9월 25일

때로 삶이 완전히 느려지고, 세상은 고요하며, 우주의 모든 것이 안정되어 보일 때가 있다. 아마 숲의 사슴 떼가 동시에 귀를 쫑긋 세우고 갑자기 달아나는 모습을 보고 있을 때, 꽃들을 오가며 꿀을 빠는 벌새를 볼 때, 반딧불이가 불을 밝히는 모습을 처음 봤을 때, 수평선 너머로 가라앉는 해를 바라볼 때 등등. 이런 순간들은 계획되지 않았다. 마치 마법처럼 일어나는 순간들이다. 그 경험의 아름다움을 곱씹어보자. 어떤 느낌이 들었는지 일기에 기록해보자.

9월 26일

우리 몸은 늘 뭔가를 말하려고 하지만, 우리는 들어야 할 때도 잘 듣지 않는다. 듣는 데는 연습이 필요하고, 이 연습은 우리의 듣기 기술을 향상시켜준다. 최근 어떤 극심한 감정에 휘둘린 적이 있다면 떠올려보자. 당시의 기억을 더듬어 우리의 몸이 그때의 감정을 다시 느끼도록 해보자. 더 깊이 느낄수록 더 많은 정보를 얻을 수 있다. 그 감정에 이름을 붙일 수 있겠는가? 마음이 불편하다면 혹시 애착 손상과 연관된 것은 아닌가? 스스로 감정을 느끼면서 몸에 물어보자.

'지금 내가 어떻게 하길 바라니?'

그러고 나서는 귀를 기울이자. 답을 얻기까지 몇 분이 걸릴 수도 있다. 우리의 몸은 어떤 메시지를 보내려고 하는 중이다. 몸이 필요로 하는 것은 무엇일까? 아마도 따뜻하게 안아주길 바랄 것이다. 아니면 어떤 메시지를 듣고 싶을 수도 있다. 수분이 필요할지도 모른다. 인정의 말이든 확신의 동작이든 다 좋다. 우리의 몸이 무엇을 원하고 있는지 이해했다면, 한 발짝 나아가 몸이 필요한 것을 건강한 방식으로 취할 수 있게 해주자.

9월 27일

용서하는 가운데,
나도 치유된다.

9월 28일

영화관에 들어가 제일 앞줄에 앉았다고 상상해보자. 그런 다음 좌석에 앉은 육체는 그대로 둔 채 몸 밖으로 벗어나 극장 영사실로 들어가자. 직접 영화를 틀고 유리창 밖으로 저 멀리 좌석에 앉아 있는 당신의 몸을 바라보자. 영화는 당신이 일상적으로 맞이하는 아침의 매 순간들을 담아 보여준다. 당신이 무엇을 하는지뿐만 아니라 당신의 생각도 음성으로 들려준다. 그러면 앞줄에 앉은 당신은 그 모든 우울하고 자기 비판적인 생각을 다 듣는다.

영사실에서 내려다보던 당신은 맨 앞줄에 앉아 영화를 보고 있을 당신의 심정을 가늠한다. 영화 속 주인공인 당신과 관객인 당신에게 측은한 마음이 드는가? 영화를 보는 당신에게 뭐라고 말해주고 싶은가? 영화 속 당신에게는 무슨 말을 하고 싶은가?

이런 상상을 하면 마음이 힘들어지기도 한다. 집중이 안 되면 천천히 깊은숨을 들이쉬고 다시 시도하자. 이 방법은 강제 원근법을 경험하게 해서 더욱 객관적인 관점으로 자신을 보게 한다. 당신은 한 발 뒤로 물러서고, 이로써 훨씬 더 큰 그림을 볼 수 있다. 이는 덜 비판적이고 더 관대하게 생각하는 데 도움이 된다. 거리를 둔 자기 관찰은 당신의 치유 여정에 이로움을 선사할 것이다.

9월 29일

내가 삶을,
바로 이 순간을,
정확히
있는 그대로
받아들일 수 있다면
어떨까?

_타라 브랙,

《받아들임(Radical Acceptance: Embracing Your Life with the Heart of a Buddha)》

9월 30일

타인과 깊은 관계 맺기를 추구한다면, 당신 자신의 가치와 당신이 어디서 왔는지를 이해하면 도움이 된다. 자기 인식은 자신을 사랑하고 남을 사랑하는 데 필수적이다. 당신의 가치와 신념이 언제 어떻게 발달했는지 생각해 보자. 유년기나 청소년기에 바탕을 두었을 수도 있지만, 어른이 되어가며 변할 수도 있다. 우리의 근본 신념은 그게 무엇이든 간에 배운 것, 경험한 것 그리고 살아온 과정을 통해 세워진다.

타인의 신념과 그 신념이 어디에서 온 것인지 관심을 두는 것도 도움이 된다. 타인과 함께 이것을 탐색하면 그들을 각 개인으로 더 뚜렷하게 이해할 것이다. 당신의 가치를 기준으로 보기보다는 타인에게 자기 자신을 정직하게 드러내면서 당신은 자신이 누구인지에 대한 새로운 통찰을 얻을 것이고, 자기 인식과 자기애가 더욱 강화될 것이다.

October

10

당신의 생각을
모두 믿지는 말라.
생각은 그저 생각일 뿐이다.

10월 1일

나는
어제보다 오늘 더
나 자신을
신뢰하려고
노력한다.

10월 2일

당신의
생각을
모두 믿지는 말라.
생각은
그저 생각일 뿐이다.

_앨런 로코스(명상가),《휴대용 평화(Pocket Peace)》

10월 3일

당신이 하는 일과 그 일을 하는 이유에 집중하면 회복성이 강화된다. 이것은 다분히 의도적인 행위다. 가령 스스로 어떻게 먹는지 생각해보는 것이다. 당신은 미팅을 끝내고 다음 미팅에 가는 길에 급히 허기를 채우는 편인가, 아니면 천천히 맛과 향과 식감을 음미하고 삼키는 편인가?

느긋하게 행동하며 지금 하는 행동을 의식할 때 인내하는 능력이 길러지며, 이는 회복력의 바탕이 된다. 오늘 의도적으로 음식을 먹어보자. 정말 맛있다고 생각하는 걸 먹자. 느긋하게 앉아서 음식에 집중하며, 한 입 한 입 풍미를 느껴보자.

10월 4일

기꺼이
문제를 마주하고
이해하려 하는 것은
자기 연민의 한 형태이다.
그것은
이렇게 말하는 것과도 같다.
"○○야, 나는 너를 믿어.
너는 할 수 있어."

10월 5일

수치심의 그늘을 싫어하기는 쉽다. 우리는 그것들을 해
하고, 거절하고, 완전히 피해버리려고 한다. 그러나 그
렇게 해서 마음이 평화로워지는 건 아니다. 수치심의 그
늘이 현혹하는 방식으로 우리를 도우려 한다는 사실을
알면, 우리는 사랑과 다정함으로 반응할 수 있다.

"정말 싫어"라고 소리치는 대신 이렇게 말해보자.

"난 네가 나를 완벽하게 만들어서 더는 상처받지 않게
하려는 걸 알아. 하지만 그건 사실상 불가능하고 더 고
통스러울 뿐이야. 나는 실수를 저지를 것이고, 그래도
괜찮아. 실수한다 해도 내 주변에는 나를 사랑하는 이들
이 있을 것이고, 모든 것이 그냥 그대로 괜찮을 거야. 나를
걱정해줘서 고마워. 나는 이제 나 자신을 잘 돌볼 거야."

사랑과 다정함을 담아 대응하면 우리는 더 안전하고 자
신과 친밀해짐을 느낀다. 그러니 수치심의 그늘이 오늘
당신 앞에 나타났다면 다정하게 반응해보자. 그리고 어
떤 변화가 있는지 살펴보자.

10월 6일

오늘 30분 정도 산책을 해보자. 신선한 공기를 들이마시자. 얼굴과 팔 위로 내려앉은 햇살을 느껴보자. 비가 온다면, 우산으로 나를 가려주자.

10월 7일

아마 우리 인생에서 가장 어려운 일은 스스로 용서하는
방법을 배우는 것이리라.

10월 8일

친절함을 베풀기에
너무
이른 때란 없다.
너무 늦은 때가
언제가 될지
절대로
알 수 없기 때문이다.

_랠프 왈도 에머슨

10월 9일

잠수함이 수면 위에 있을 때 항해사는 GPS에 의존해 항해할 수 있다. 하지만 심해로 잠수하면 수중음향탐지기를 비롯한 완전히 다른 시스템에 의존한다. 수중음향탐지기는 심해에서 음향을 보내 가까이 있는 물체에 음향이 닿았다가 되돌아오는 데 시간이 얼마나 걸리는지를 측정한다. 하지만 수중음향탐지기가 효과적으로 작동하려면, 잠수함은 속도를 늦추고 소음을 줄여야 한다. 바닷속에는 너무도 많은 전파 방해요소가 있기 때문이다. 어떤 면에서 보면 우리도 잠수함과 비슷하다. 우리는 때로 너무 바쁜 나머지 우리의 몸이 하는 말이나 우주가 우리와 소통하려는 시도를 감지하지 못한다. 너무나 많은 것이 우리를 산만하게 하기 때문이다.

잠수함의 선장은 수중음향탐지기를 활용할 때 선원들에게 조용히 나아가는 데 신경 쓰라고 할 것이다. 우리도 이렇게 할 수 있다. 오늘 시간을 내어 다른 방해요소들을 차단하고 우주의 메시지에 귀를 기울이며 명상해보자. 연습이 필요하겠지만 인내하자. 오늘 당신에게 어떤 메시지가 올지 모른다.

10월 10일

밤하늘의 별을 바라볼 때, 우리는 사실 몇천 광년(1광년은 9조5천억 킬로미터)을 여행해온 빛을 보는 것이다. 우리는 그 별의 영속되는 기억을 보는 것이다. 그 별이 더는 존재하지 않는다는 점을 깨닫지 못하더라도 (사실 그 별은 수십억 년 전에 사라졌을 수도 있다) 그 별은 우리에게 영감을 준다. 항해사들은 바다를 항해할 때 별빛을 보았고, 시인들이나 화가들 그리고 작곡가들도 별빛에서 예술의 영감을 얻었다. 과학자들은 그런 신비를 탐사하기 위해 로켓과 인공위성을 개발했다. 일부 사람은 어마어마한 우주의 광대함에 압도되어 별빛을 바라보기도 한다. 별들과 마찬가지로 당신도 내면에 빛을 품고 있고, 그것이 이 세상을 더 나은 곳으로 만들었다. 그것은 타인의 심장을 건드렸다. 타인의 날들을 밝게 빛냈다. 당신의 빛은 타인이 길을 찾는 데 빛을 비추어주기도 했다.

이 행성을 떠난 뒤에도, 우리의 빛은 누군가에게 불빛이 될 수 있다. 당신은 어떻게 기억되고 싶은가? 누구의 삶에 영향을 주고 싶은가?

10월 11일

말은 아끼고 더 많이 듣자. 우리가 두 개의 귀와 하나의
입을 가진 데는 다 이유가 있다.

10월 12일

서양 철학은 말한다.
'정말 열심히 일하면 성공하고, 성취한 것 덕분에 행복해진다.'
동양 철학은 이렇게 말한다.
'지금 이 순간 행복해질 수 있다. 목표한 곳에 도달하지 않았더라도 말이다.'
두 철학 모두 장점이 있다. 목표를 실현하기 위해 우리는 뭐든 더 열심히 한다. 가령 체중 감량을 예로 들어보자. 서양 철학은 우리에게 목표한 만큼 살을 뺀 후 축하하라고 한다. 우리는 살을 빼기 위해 열심히 다이어트를 한다. 동양 철학은 지금 있는 그대로의 몸을 사랑하라고 한다. 이것은 자기 연민의 음양 원리다. 목표를 향해 열심히 달려가는 것은 중요하지만, 그 과정에서 있는 그대로의 자신을 사랑하는 것은 더욱 이롭다.

10월 13일

이기심은 뭔가 가치 있어 보이는 것을 잃을까 두려울 때
겁에 질려 손에 꼭 쥐는 행동과 같은 감정이다. 세게 쥐
면 쥘수록 우리는 다칠 위험에 놓인다. 우리는 스스로에게
만 너무 집중한 나머지 손이 아픈 것도 눈치채지 못한다.
반면, 자기 돌봄은 계단을 오를 때 손잡이를 잡는 행위
와도 같다. 우리는 한 걸음 한 걸음 위로 올라가며 몸의
균형을 잡기 위해 손잡이를 잡는다. 자기에게만 집중한
게 아니라, 안정적이게 올라가 굴러떨어지지 않는 데 초
점을 둠으로써 어느새 뒤따라 계단을 오르는 사람에게
팔을 뻗어 도와주기에도 더 유리한 위치에 닿아 있다.

10월 14일

누구든 화가 날 수 있다, 이것은 쉽다. 하지만 적절한 사람에게, 적절한 수위로, 적절한 시간, 적절한 목적으로 그리고 적절한 방식으로 화를 내는 것, 그것은 쉽지 않다.

_아리스토텔레스

10월 15일

오른쪽 손을 왼쪽 겨드랑이 아래로 넣어보자. 겨드랑이가 손을 부드럽게 감쌀 때 당신의 몸에서 느껴지는 온기를 느껴보자. 당신의 손은 어떤 에너지를 품고 있는지도 느껴보자. 어떤 감정이 느껴지는가? 이제 왼손을 오른쪽 어깨나 팔 바깥쪽으로 가져가자. 손을 아래위로 움직여 팔을 쓰다듬고 싶어질 것이다. 손과 팔의 온도 차이도 느껴보자. 자신을 안아주는 느낌이 어떤지 집중해보자. 어떤 감정이 일어나는가?

몇 분 뒤에, 왼쪽 손을 이마로 가져가자. 손을 이마에 갖다 대니 어떤가? 체온과 촉감 그리고 감각을 느껴보자. 감정에도 집중하자. 생각에 변화가 일어나는가? 심장에는 변화가 있는가?

또 몇 분 후, 왼쪽 손을 배꼽 위에 갖다 대고 숨을 들이쉬자. 체온과 촉감, 감각 그리고 생각에 집중하자.

어떤 자세가 가장 편안한가? 그 자세로 돌아가 조금 더 오래 유지하며, 스스로 그 경험을 즐길 기회를 주자.

10월 16일

공감하는 능력은 악기나 스포츠를 배우고, 의술을 익히고, 자동차에 기름을 넣는 것처럼 학습이 가능하다. 누군가는 공감하는 능력을 타고난다. 또 다른 누군가는 공감이 조금 어려운 일이다. 그러나 그러한 능력을 타고났든 배워야 하든 간에 낯선 사람에게 공감하려면 연습이 필요하다.

이렇게 해보자. 종이 한 장을 준비하고 가운데에 줄을 긋자. 그리고 누군가에게 동의할 수 없었을 때를 떠올리자. 종이의 왼쪽에는 당신의 관점에서 어떻게 된 일인지를 적는다. 누가 무슨 말을 했는지도 쓴다. 오른쪽에는 기억나는 모든 감정을 묘사해보자. 그런 다음 잠깐의 시간을 갖자.

이제 타인의 입장이 되어보자. 종이 왼쪽에 그들의 관점에서 어떻게 된 일인지를 쓴다. 그들의 입장과 관점에서, 어떤 점에 동의할 수 없는지를 가능한 한 최선을 다해 묘사하자. 그러고 나서 오른쪽에는 그들이 느꼈을 감정을 적는다.

어떤 것들을 썼는가? 이 활동을 하며 무엇을 배웠는가? 자신 혹은 타인을 향한 당신의 시선에 변화가 생겼는가?

10월 17일

나는
건강한 선택을 할 만큼
나를
충분히 사랑한다.

10월 18일

요즘에는 기존의 성적 산출 방식을 따르지 않는 학교들이 많다. 학생들은 A 학점, B 학점, 아니면 F 학점 등으로 평가받지 않고 색깔로 평가받는다. 파란색은 과제를 잘 완수했다는 뜻이고, 빨간색은 아직 끝내지 않았다는 뜻이다. 당신이 특정 과목에서 실패했다고 평가받는 대신 이런 메시지를 받는다고 상상해보자.

'당신은 제대로 가고 있습니다. 포기하지 마세요.'

다음번에 목표에 도달하지 못했을 때, 실패했다고 말하는 대신 다른 방식으로 메시지를 전해보자.

'○○아, 너는 옳은 방향으로 가고 있어. 포기하지 마. 그곳에 닿게 될 거야.'

10월 19일

사람은 명석한 스승을 되돌아보며 감탄하지만, 우리의
감정을 어루만진 이에겐 감사한다. 교육 과정은 굉장히
중요한 자원이긴 하나, 따스함은 자라는 식물과 아이들
의 영혼에 필수 요소다.

_카를 융

10월 20일

안전과 삶의 질을 위해서는 친밀한 관계가 필수적이다. 우리는 타인과 관계를 맺도록 타고난 존재다. 타인을 돌보도록 DNA에 새겨져 있다. 우리가 자신을 사랑하고 잘 돌본다면, 타인과 관계 맺는 데도 훨씬 능숙해질 것이다.

10월 21일

당신의 욕망, 당신의 가치, 당신의 꿈 그리고 당신의 원칙이 훌륭하다는 것을 믿어라.

10월 22일

수치심은 우리가 스스로 용서할 능력을 빼앗기도 한다. 수치심의 그늘은 우리가 이미 수년간 고통받았음에도 계속해서 잘못한 것을 상기시키며 괴롭힌다. 우리는 시간을 되돌려 상황을 바꿀 수 없음에도 다시 떠올리고, 또 생각하고, 후회하길 반복한다. 이런 감정에 휩싸인다면 주문을 외워보자.

'이미 엎질러진 물이야. 과거를 되돌릴 순 없어. 내가 할수 있는 건 지금 이 순간의 일뿐이고, 그것만이 미래를 바꿀 수 있어. 나는 기꺼이 전진할 거야.'

10월 23일

가면을 쓰면 기쁘거나 마음이 평화롭지 않다. 오히려 우리는 변질된 감정을 느낀다. 화는 분노와 분개로 변질된다. 슬픔은 우울과 무관심으로, 두려움은 불안으로 변한다. 우리는 보통 상처를 입었을 때 가면을 쓴다. 가면을 벗는 일은 놀라우리만치 힘들다. 자신의 취약함을 드러내는 용기 있는 행위이기 때문이다.

당신의 가면 뒤에 어떤 아픔이 있는지 확인해보자. 버려지고, 상실, 거부, 무시, 배신 혹은 학대를 당한 경험으로 인한 애착 손상인가? 가면을 벗으면 아픔을 초래한 상처를 확인하는 데 접근할 수 있다. 아주 소소한 친절이 당신의 상처를 돌보는 부드러운 행위가 될 수 있다. 하지만 우선 가면을 벗어 던져야만 한다.

10월 24일

회복력은
학습 가능한 기술이다.
나는
점점 더
회복력이
강해지고 있다.

10월 25일

수영장에 있는데 누군가가 물에 빠져 허우적댄다면, 당신은 도움을 구하거나 스스로 그 사람을 구하려고 즉시 행동을 취할 것이다.

하지만 당신 스스로 삶의 어려움에 빠져 있다고 느낄 때, 당신은 구조 튜브를 붙드는가 아니면 수치심의 그늘이 계속 바닥으로 끌고 가도록 두는가? 어려움에 압도되었다고 느낄 때, 스스로 생명줄을 늘리기 위해 무엇을 할 것인가? 도움을 청할 것인가? 스스로 격려의 말을 해 주겠는가?

10월 26일

용기의 본질은
자기기만에서
벗어나는 것이다.

_페마 초드론,《당신이 두려워하는 장소들(The Places tha Scare You)》

10월 27일

애착 손상과 관련해 예상 가능한 패턴이 있다. 상처들이 부딪치면 우리는 화가 나고, 보복하려 하고, 상처에서 벗어나 감정을 차단하려 한다.

상처들이 부딪치는 걸 느꼈다면 그걸 인정하고 그 감정에 이름을 붙여보자. 감정을 누그러뜨리고 스스로 질문해보자.

'지금 내게 필요한 것은 무엇인가?'

10월 28일

오늘은 멋진 날이야.
이전에는
한 번도
본 적 없는 날이니까.

_마야 안젤루

10월 29일

공감하려면 에너지가 드는데, 때로 우리는 공감이 얼마나 중요한지를 잊고 만다. 자신만의 관점에서 자신만의 판단으로 세상을 보는 데 안주한다. 당연히 그게 더 수월하다. 그러나 그것은 외롭고 고립된 삶의 방식이다. 감정이입을 하면 우리는 지속하는 분열과 분쟁을 피하거나 끝낼 수 있다. 감정이입 기술을 갈고닦으면 놀라운 문제 해결책을 발견해 삶을 더 온전히 즐길 수 있다. 노력과 헌신이 필요하지만, 그 보상은 우리와 우리 주변 사람들 모두를 이롭게 할 것이다.

10월 30일

소소한 감정들이 우리 삶을 이끄는 위대한 선장들이며
우리는 자신도 모르는 사이 그것에 복종한다는 점을 기
억하자.

_빈센트 반 고흐

10월 31일

'돌멩이 수프' 전설이 있다. 마을 사람들끼리 의심과 적대감으로 가득한 곳에 어느 지친 나그네가 들른다. 그는 집마다 대문을 두드리며 혹시 나눠 먹을 음식이 없는지 묻는다. 그런데 누구도 문을 열어주지 않고 나그네와 말도 섞지 않으려고 한다. 그는 결국 포기하고 마을 광장에 작은 모닥불을 피우기로 한다. 작은 배낭에서 검은 냄비를 꺼내 광장 분수대에서 물을 받아온 그는 냄비를 모닥불 위에 올리고는 광장 주변에서 냄비에 담을 돌들을 찾는다. 마을 주민들은 창밖으로 여행객이 무얼 하는지 지켜본다. 마침내 한 여인이 밖으로 나와 나그네에게 뭘 하느냐고 묻는다.

"돌멩이 수프를 만들고 있어요."

나그네가 답했다.

"돌멩이 수프? 들어본 적 없는 요리군요. 그거 맛있나요?"

"네, 그런데 당근을 넣으면 훨씬 맛있을 텐데."

"우리 집에 당근이 좀 있어요. 금방 가서 가져올게요."

여인은 당근을 가져오려고 집으로 달려간다.

이내 마을 주민들이 광장에 모인다. 그들 역시 기꺼이 채소를 가져와 냄비에 넣어주었다.

마침내 마을 사람들은 처음으로 함께 모여 음식을 나눠 먹었다.

오늘 누군가와 나눌 수 있는 건 무엇인가? 나눔은 다른 누군가를 사랑하는 아름다운 방식이고 동시에 나누면서 사랑을 느낄 기회이다.

November

11

현재는 기쁨과 행복으로
가득 차 있다. 주의를 기울인다면
그것을 보게 될 것이다.

11월 1일

자신을 신뢰하면 건강한 선택을 하기가 더 수월하다. 이렇게 하라느니 저렇게 하지 마라느니 해대는 수치심의 그늘에 붙들리지 않는다. 상충하는 메시지들 속에서 불안을 경험하지 않는다.

시간을 내어 우리의 흥미와 남들의 흥미를 고려해본 다음 엄청난 기쁨과 자유로 이끌어줄 행동을 선택해서 취하자. 자신을 신뢰할 때 더 나은 결정을 하는 데 도움이 되었는지 일기에 써보자.

11월 2일

따뜻한 물로 샤워를 하거나 욕조에 들어가 편안히 쉬는 기회를 가지자. 엡솜솔트와 향 나는 에센셜 오일을 욕조에 조금 넣어 근육을 이완하고 스트레스를 풀어보자.

11월 3일

우리의 삶을
바꿔준 분에게
감사의
편지를 써보자.

11월 4일

인생길은 평탄치 않을 것이다. 어딘가에 부딪히거나 튕겨 나가지 않는 매끄러운 여행길만 기대한다면 고통을 겪을 것이다. 때때로 어려움을 마주한다는 사실을 인정하면, 더 제대로 준비하고 이따금 고통스러운 일이 닥쳐도 받아들일 수 있다. 이 길을 홀로 떠나는 것도 아님을 인정할 수 있다. 주변에는 우리를 도울 사람들이 있고, 아마도 그 길에서 우리에게 도움을 구하는 사람도 만날 것이다.

11월 5일

살면서 할 수 있는 단 하나의 가장 강력한 투자는 자기 자신에 대한 투자로, 이는 삶을 다루고 삶에 이바지할 유일한 도구에 대한 투자라고 할 수 있다.

_스티븐 코비 (《성공하는 사람들의 7가지 습관》의 저자이자 경영학자)

11월 6일

우리는 때로 자기 자신을 용서하지 못한다. 자신이 해를 입힌 누군가에게 배상하지 못했기 때문이다. 손상을 입고 잃어버린 것을 복구하거나 갚아주는 것을 배상이라고 한다. 당신은 누군가에게 배상해주고픈 게 있는가? 그것이 누구인지, 어떤 해를 끼쳤는지, 어떤 영향을 미쳤는지 확실히 알기가 어려울 수 있다. 하지만 잃어버린 신뢰를 회복하고자 하는 행위에 빛을 비춰주기도 한다. 당신이 어느 정도 배상했다고 느끼면, 스스로 용서하기도 더 쉬워질 것이다.

11월 7일

1954년, 스투코(벽돌이나 목조 건축물 벽면에 바르는 미장 재료)와 유리로 만들어진 거대한 불상이 태국의 새로운 사원으로 옮겨질 예정이었다. 그러나 현장 기사들이 크레인으로 불상을 들어 올리자, 밧줄이 끊어지며 불상이 땅바닥으로 곤두박질쳤다.

불상이 손상되었을까 놀란 작업자들이 우르르 상황을 보러 몰려갔다. 불상을 본 그들은 놀라고 말았다. 스투코가 깨지면서 그 안에 감춰져 있던 금이 드러난 것이다. 작업자들은 조심스레 깨진 부분을 제거하고 온전히 금으로 된 불상을 다시 세웠다.

역사학자들은 약 200년 전 침략자들이 쳐들어왔을 때, 사원을 지키던 수도승들이 그 불상을 지키려고 벽토와 진흙, 유리 등으로 감쌌으리라 추측했다. 침략자들이 쳐들어와 마을은 모두 파괴되었지만, 그 불상만은 그대로 남았다.

우리는 때로 스스로 이렇게 행동한다. 자신의 가치를 알아챘는가? 아니면 그것을 감추고만 있는가?

11월 8일

아주 약간의 진전도 여전히 진전이다. 아주 소소하게 한 발짝 앞으로 나아갔더라도, 앞으로 나아갔다는 사실을 기념하자.

11월 9일

나는 시간을 들여
나의 몸과 마음,
정신과 영혼에
영양을 공급한다.

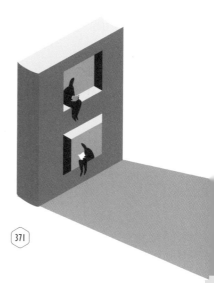

11월 10일

어딘가로 여행을 떠나본 적이 있다면 이런 경고 문구를 본 적 있을 것이다.

'도로 공사 중. 속도를 늦추시오.'

이미 계획한 여행 경로에서 목적지로 향하고 있었는데, 예정 시간에 맞춰 도착하기 힘들 정도로 도로가 밀린다. 긴 행렬을 따라가거나 아니면 우회하거나 결정을 내려야 한다. 이렇듯 계획에 차질이 생기면 짜증이 나게 마련이지만, 이럴 때 좌절하면 지연되는 상황이 더 고통스러울 뿐이다.

살다 보면 실제로 혹은 은유적으로도 지연되는 일이 생긴다. 이런 예상치 못한 상황에서 유용한 자기 연민 방식은 인지재구성이다. 달리 말해 갑작스러운 공사에 관한 새롭고, 긍정적이고, 낙관적인 이야기를 하는 것이다.

"아 진짜, 공사 때문에 너무 차가 밀리잖아"라고 말하는 대신 "덕분에 음악 감상도 하고, 오디오북도 들어볼까?"라는 식으로 말이다.

최근 스스로 혹은 수치심의 그늘이 부정적 이야기를 하진 않았는지 생각해보자. 이제 그 이야기를 긍정적으로 전환해보자. 가령 과장된 상상력을 발휘해 이렇게 말해보는 것이다.

"오늘 방향을 틀길 잘했어. 그쪽으로 계속 갔더라면, 외계인이 강력한 광선을 쏴서 나를 우주선으로 데려갔을 거야."

11월 11일

자기 자신에게 다정하려면 늘 두려움이 따른다. 아마 스스로에게 지나치게 관대하게 구느라 중요한 부분에 눈감아주는 건 아닌지 걱정될 것이다. 자신을 너무 사랑한 나머지 나약해지고 변화하지 않을까 봐 불안할 수도 있다. 그런데 놀랍게도, 연구자들은 자기 자신에게 다정한 이들이 더욱 적극적이고, 행복하며, 회복력이 높다는 사실을 알아냈다.

두려움에 맞서 자기 연민을 실천할 수 있는가? 우선, 자신에게 다정할 때 어떤 두려움이 따르는지 써보자. 그다음, 두려운 마음을 돌아보고 자기 연민의 실천이 정말 두려운지 입증해보자. 마지막으로, 연민 어린 마음으로 격려하는 대응법을 써보자. 새로운 것을 하기에 앞서 겁을 먹은 조그만 아이에게 당신은 무슨 말을 해줄 것인가?

11월 12일

세상에는
엄청나게
많은 빛과 선이 있다.
감사의
안경을 끼고 보면
그것이 다 보인다.

11월 13일

수치심의 그늘이 우리에게 다가와 좌절, 불안, 혼란 혹은 다른 어둡고 힘든 정서를 불러일으키는 거짓을 말할 때, 우리는 스스로 세 가지를 물을 수 있다.

'이것은 진실인가 아니면 내가 그냥 진실이라고 믿는 것인가?'

'이것은 내가 빛 안에 머무르며 나의 재능을 사용하고 더 사랑하는 데 도움이 되는가?'

'어떻게 하면 이 메시지나 상황에 더욱 아량 있고 친절하고 용기 있게 대응할 수 있을까?'

이 세 가지 질문에 대한 답을 고민해보면 우리의 어둠을 빛으로 밝히는 데 도움 될 것이다.

11월 14일

사람들은 종종 거꾸로 살려고들 한다. 하고 싶은 걸 더 많이 하고 행복해지기 위해 우선 더 많은 물건이나 돈을 가지려 한다. 삶이란 사실 그 반대로 작동한다. 먼저 진짜 자기 자신이 된 다음에, 원하는 걸 가지기 위해서 필요한 일을 해야 한다.

_마거릿 영

11월 15일

땅과 가까이 닿아 관계를 맺는 가장 쉬운 방법은 신발을 벗는 것이다. 야외에 나가 맨발로 잔디와 흙을 밟아보면 더 좋겠지만, 그럴 상황이 안된다면 지금 당장 양말이라도 벗어보자. 발가락을 꼼지락거려보자. 발바닥으로 땅이나 방바닥을 느껴보자. 발바닥 아래로 뿌리가 자라나 단단히 자리잡는다고 상상해보자. 발을 딛고 선 곳에서 땅의 에너지를 들이마시고 온몸에 전달하는 상상을 해보자. 그렇게 몇 분간 호흡하며 땅과 연결됨을 느끼자.

11월 16일

고통받는 사람을 연민으로 대하다 보면 그들의 고통을 덜어주기 위해 뭔가를 하고 싶어진다. 그들의 기분이 더 나빠지도록 책망하려 들지 않는다. 그들을 도와주고 싶을 뿐이다. 그들이 이 상황에서 혼자가 아니라는 사실을 알게 해주고 싶다.

당신이 고통스러울 때 이 마음을 상기해보자. 사랑하는 사람이나 친구가 그런 상황에 놓인다면 당신은 어떻게 대응하겠는가? 짜증 내거나 실망하지 말고 스스로를 다정하게 대하자. 그리함으로써 자신의 고통이 조금씩 덜어지는지 지켜보자.

11월 17일

엉뚱한 상대에게 수치스러운 경험을 고백하면, 그 상대 역시 수치심의 폭풍 속을 날아다니는 위험한 돌멩이가 될 수 있다.

_브레네 브라운, 《나는 불완전한 나를 사랑한다》

11월 18일

자신을 탓하는 것과 책임지는 것은 다르다. 탓하는 것은 통증과 불편함을 제거하려는 방식이다. 수치심이 우리를 탓할 때, 우리는 결국 수치심의 투스텝을 밟는다. 우선 불완전하다고 공격을 받는다. 그러면 우리는 방어적인 왼쪽 스텝을 밟으며 행동을 정당화하거나 최소화한 다음 자신을 비하하며 뒤로 물러난다. 이렇게 수치심에 밀려 자꾸만 이동하면서 아무도 모르는 사이 빠져나오려 한다.

책임지는 사람은 스텝을 밟지 않는다. 책임감은 용감한 자세를 취하게 한다. 책임지는 사람은 자신의 행동에 대한 책임감을 바탕으로 그 영향을 이해하고 바로잡기 위해 최선의 행동을 취한다. 책임을 지면 신뢰가 풍성해진다. 다음번에 실수를 저지른다면, 당신이 자기 탓을 하는지 책임을 지는지 잘 지켜보자.

11월 19일

최근 언제 마지막으로 당신의 성공을 축하했는가? 지금 당장 자신이 잘 해낸 일에 대해 축하해보자. 진지하게 말이다. 지금 이 책을 덮고, 당신의 성취를 떠올려보고, 그것을 기념하자. 지금 당장, 큰 소리로 축하하자.

11월 20일

사람들은 거북처럼 되기도 한다. 우리는 누군가에게 상처받았다고 느낄 때 (은유적으로) 껍데기에 머리를 집어넣곤 한다. 심지어 주변 사람들에게 불안감을 드러내며 한 발짝 물러서라는 신호를 보내기도 한다. 그러나 안정감과 친절함을 느끼면 다시 껍데기에서 머리를 내민다. 스스로 직접 연습해보자. 껍데기로 머리를 집어넣게 만든 수치심의 말들을 긍정의 진실로 대체하자.

11월 21일

현재는
기쁨과 행복으로
가득 차 있다.
주의를 기울인다면
그것을 보게 될 것이다.

_틱낫한,《모든 발걸음마다 평화(Peace is Every Step)》

11월 22일

모순적이게 들리겠지만, 회복력은 뭔가를 밀어내는 과정 없이는 단단해지지 않는다. 우리가 500그램짜리 아령을 들어 올린다고 해서 근육이 생기진 않는다. 500그램짜리 아령을 50번 들었다 놓더라도 근육이 자라나진 않을 것이다. 근육은 저항력이 있어야 생긴다. 근육은 스트레스를 받아야 생긴다. 그럼 조금 무거운 아령으로 시작하자. 여덟 번에서 열 번 정도 적정한 수준의 힘이 들도록 하다가 근육이 생겨나기 시작하면 무게를 높여라.

힘든 상황에 대처하는 데도 같은 원리가 작용한다. 자신을 사랑하는 데 꼭 필요한 일은 회복력을 기르는 것이며, 힘든 일을 경험하지 않으면 회복력은 생겨나지 않는다. 아무런 문제없이 인생을 항해하고 싶다고 그런 방식을 배우지 않다가는 친절과 연민을 베풀 기회를 놓친다. 균형감을 놓치는 것이다.

정말 힘든 일을 겪으면서 당신은 더 사랑이 많고 사려 깊은 사람이 되었는가?

11월 23일

우리의 뇌와 신체는 개인으로 또한 한 종으로 생존해 나가도록 설계되었다. 그러나 수치심의 그늘이 우리 삶을 장악하고 스스로 작은 존재라고 설득하도록 두면, 한 종으로서 그리고 한 인간으로서의 삶에 적응하여 생존해나가는 데 이롭지 않다. 그런 어두운 메시지에 동의하지 않아야 한다. 진실을 말하자. 우리는 기쁨을 느낄 수 있다.

11월 24일

우리는 자기 자신과 남들의 차이에 초점을 맞추곤 한다. 그리고 특히 누군가가 (인종, 종교, 정치적 성향, 직업군 등의 측면에서) 우리와 같은 무리가 아니라고 생각되면 더더욱 그렇게 한다. 잠시 시간을 내어 우리와 다른 무리에 속했다고 생각되는 사람을 떠올려보자.

공통점 목록을 작성해보자. 그런 다음 차이점들도 기록해보자. 어느 쪽 목록이 더 긴가?

이 활동은 생각보다 공통점이 많다는 사실을 깨닫게 해주지만, 더불어 차이도 사실상 자산이 될 수 있음을 보여준다. 타인의 다른 관점, 배경 혹은 지식에서 무엇을 배울 수 있을까? 그들은 우리에게서 무엇을 배울 수 있을까?

11월 25일

우리는 지구상의 다른 누구에게보다 자기 자신에게 더욱 엄한 잣대를 들이대 판단하는 경향이 있다. 사실 타인을 판단하거나 비판할 때는, 자신의 단점을 그 사람에게서 보았을 때인 경우가 많다. 그러나 당신 내면에는 이제 드러내야 할 빛이 있다. 자신에게 다정해지면, 이세상은 더 나은 곳이 될 것이다.

11월 26일

사랑하는 삶이 우리와 하나될 때, 우리는 삶의 행복을 지켜볼 수 있고, 고난이 있었던 곳에 위안을 가져다줄 수 있으며, 궁핍과 고통의 기억을 넘어 기쁨의 가장 감미로운 샘을 열 수 있다.

_조지 엘리엇(영국의 소설가, 시인, 언론인, 번역자),
《다니엘 데론다(Daniel Deronda by George Eliot)》

11월 27일

성장하고
진정한 자신이 되려면
용기가 필요하다.

_E. E. 커밍스(미국의 시인, 화가)

11월 28일

수치심과 죄책감은 다른 감정이다. 수치심은 이렇게 말한다.

"넌 나쁘고, 부족하고, 가치 없는 존재야."

죄책감은 이렇게 말한다.

"네가 저지른 실수 때문에 너와 다른 사람들이 고통받고 있어."

수치심은 독소를 내뿜어 우리가 숨거나 도망치도록, 아니면 행동을 감추도록 한다. 반면 죄책감은 변화를 원하도록 영감을 주고, 실수를 바로잡거나 신뢰를 다시 쌓도록 하는 건강한 감정이다. 당신은 수치심과 죄책감 중어떤 감정을 더 강하게 느끼는가? 수치심으로 힘들다면당신에게 도움을 줄 누군가를 찾아 수치심에서 벗어나고 용서와 자기 연민의 힘을 빌려 앞으로 나아가자.

11월 29일

텔레비전 쇼 〈미스터 로저스의 이웃〉 호스트였던 프레드 로저스는 사랑과 친절을 베풀고 현재에 집중하는 법을 아주 많이 가르쳐주었다. 그는 "사람들은 단순하고 깊지만, 세상은 우리를 복잡하고 얕게 만든다"라고 말했다. 당신은 놀랍도록 깊은 사람이다. 당신은 세상에 단순한 영향을 주지만 그 의미는 어마어마하다. 이제 세상은 온갖 방해 공작을 펼친다. 소셜미디어 포스트와 광고들은 당신이 부족하다며 물건을 사고 어떤 활동을 해서 그 부족함을 채우라고 채근한다. 당신을 빠져들게 하는 그럴듯한 드라마에 휩쓸리기는 너무 쉽다.

잠시 분주한 세상에서 한 발짝 물러서보자. 땅에 발을 붙이고 서서 로저스 씨가 알려준 만트라를 외워보자.

'나는 단순하고 깊다.'

11월 30일

우리는 때로 야단법석을 떨기보다는 기존의 상황에 만족하려 한다. 원하는 것을 요구하길 꺼리고, 문제에 휘말릴까 아니면 거부당할까 두려워한다. 하지만 당신이 뭔가를 요구했을 때 맞닥뜨릴 수 있는 최악의 상황은 '안 돼'라는 대답일 뿐이다. 살면서 그냥 안주한 적이 있는가? 도움이나 조정을 요청해 진정으로 원하는 데 더 가까워질 수는 없는가? 오늘은 자기애를 드러내고 자기 자신의 견해를 설명해보자.

December

12

램프의 불을
계속 태우기 위해서는
계속해서 기름을 넣어주어야 합니다.

12월 1일

나의
행동과 말은
일치한다.

12월 2일

어디서부터 시작해야 할지 엄두가 안 나던 일을 성취함
으로써 엄청난 뿌듯함을 느껴본 경험이 있는가? 어떤
회의나 강의에 참석해 변화를 향한 영감을 주는 새로운
것을 알게 된 경험이 있는가?. 당신은 당장 준비하고픈
마음이 굴뚝같은데 며칠 뒤 마치 바람 빠진 타이어처럼
그 열정이 사라졌을 수도 있다. 그런 탄력을 유지하는
건 왜 그리도 힘들까?

넓은 시각으로 목표를 보면 앞으로 나아가는 길을 찾기
어렵다. 그러면 겁을 먹게 되고 시작도 하기 전에 실패
한 것처럼 느껴진다. 이제 이렇게 묻자.

'미래의 목표에 이르기 위해 꾸준히 할 수 있는 한 가지
는 무엇일까?'

단 하나면 충분하다. 지금 그 자리에서 한 발짝 나아가
자. 다음 단계로 넘어가기 전 얼마 동안이나 그 한 가지
에 충실하면 될까? 꾸준히 나아가도록 누군가한테 도움
을 받을 수 있을까?

곰곰이 생각하고 계획하는 데 시간을 쓰는 게 감정에 이
끌려 충동적으로 뛰어드는 것보다는 성공 확률이 높다.
감정은 오락가락한다. 에너지 역시 오락가락한다. 꾸준
한 작은 실천이 마침내 놀라운 결과로 이어질 것이다.

12월 3일

'진리가 너희를 자유케 하리라'라는 성경 구절이 있다. 이 말씀은 우리가 스스로 정직할 때만 진리다. 진리의 빛 안에 거할 때, 우리는 수치심의 그늘이 속임수를 부리는지 알아차릴 수 있다. 진리는 우리가 현실을 바탕으로 한 합리적 선택을 하도록 돕는다. 진리는 우리를 강하게 한다.

12월 4일

램프의 불을
계속 태우기 위해서는
계속해서
기름을 넣어주어야
합니다.

_마더 테레사

12월 5일

비행기 객실의 산소 농도가 갑자기 떨어지면, 어른들은 아이들을 돕기 전에 먼저 산소마스크를 쓰라는 지시를 받는다. 이는 부모들의 본능을 거스르는 행동일 수 있다. 부모들은 우선 아이들의 안전을 챙기고 그 후에야 자신을 돌보려고 할 것이다. 그러나 자신의 마스크를 먼저 챙기지 않고서는 효율적으로 아이를 도울 수 없다.

자기 일을 하고 관심사를 찾는 것이 자기 연민의 핵심이다. 그래야만 효율적으로 타인을 돕고 현재에 온전히 존재할 수 있다. 당신은 자신을 위해 하는 일을 어떻게 생각하는가?

12월 6일

우리가 내면의 긍정적인 핵심 진리를 껴안고 숨을 들이쉬면, 고통을 이해하는 데 근본적인 변화가 생긴다. 지나온 과거에 다 목적이 있었다는 것을 이해하면, 우리의 행동이 변한다. 사랑받고 관계 맺을 가치가 있다는 사실을 받아들이면, 그 무엇도 우리를 막을 수 없다.

12월 7일

우리의 깊은 내면에 핵심적 자기(core self)가 있다. 그것은 진정한 우리를 보여주는 화신이다. 지혜와 용기, 자기주장과 힘을 간직한 곳이다. 우리는 그 부분을 탐구해 타인과 나누어야 더 친밀한 관계를 맺고 성장할 수 있다.

눈을 감고 조용히 명상에 잠겨보자. 머리끝부터 발끝까지 곰곰이 떠올리며 핵심적 자기가 어느 곳에 머물러 있는지 생각해보자. 그것을 찾아내기까지는 조금 시간이 걸릴 수 있다. 인내심을 가지고 깊은숨을 들이쉬자. 핵심적 자기를 찾았다면 그 주변을 살펴보자. 혹시 감옥에 갇혀 있는가? 자유롭게 열린 공간인가? 그곳과 연결되기가 어렵지 않은가?

하루 동안 핵심적 자기에 닿기 위한 시간을 가져보자. 여러 번 그곳과 연결되기 위한 노력을 하자. 하루를 마치고 나면 그 경험이 어땠는지 기록하자. 무엇을 배웠는가? 어떤 점이 흥미로웠는가? 어려운 점이 있었는가? 쉬운 점은 무엇이었는가?

12월 8일

오늘
나는
나의 신념을
바꿀 수 있다.

12월 9일

수치심의 그늘은 우리에게 무엇을 해야 한다고, 혹은 하지 말아야 한다고 말하는 데 굉장히 능숙하다. 해야 한다고 자주 말하는 것이 무엇인지 써보자. 이제 '해야 할 것'과 '하지 말아야 할 것'이라는 제목에 줄을 긋고, 이렇게 다시 써보자. '내가 정말 원하는 것', '내가 정말 원치 않는 것'. 그리고 문장 끝에 '왜냐하면'이라고 써서 생각을 완성해보자. 가령, '나는 사이다를 마시면 안 돼'라는 문장이 있다면 '나는 사이다를 마시면 안 돼, 마시고 싶

지 않아, 왜냐하면 건강에 좋지 않다는 걸 아니까'라고
바꾸는 것이다. 혹은 이렇게 생각을 확장해도 좋다.
'나는 사이다를 마시면 안 돼, 정말 마시고 싶어, 왜냐하
면 건강에 좋지 않다는 건 알지만 너무 맛있으니까.'
이렇게 다시 문장을 써보면 내면에 깔린 그늘의 원인을
알 수 있다. 수치심은 우리를 도와주려 하지만, 사랑과
지지의 방식이 아닐 수도 있다. 시간을 내어 깊이 들여
다보고 이런 생각을 재구성하면 두 가지 중요한 장점이
있다. 우선, 감춰진 진실을 볼 수 있다. 그리고 우리의 상
황을 평가하고 더 연민 어린 선택을 할 기회가 마련된다.
비판적인 생각들에 압도될 때는 이 방법을 시도해보자.

12월 10일

나는
진리와 진실성
그리고
빛에 이끌리는
사람이다.

12월 11일

태양계의 순서와 우리 행성에서의 삶을 생각해보자. 나날이 지구가 회전하면, 태양이 뜨고 지는 것은 예측이 된다. 지구는 매년 태양을 공전하며 우리에게 사계절을 선사한다. 우리는 적당한 계절에 작은 씨앗 하나만 심어도 어떤 식량을 수확할지 혹은 어떤 꽃이 피어날지를 안다. 해안마다 파도도 예상 가능한 방식으로 밀려왔다 물러난다. 심지어 해와 달의 일식과 월식도 기나긴 일정한 주기에 따라 일어나니, 우리는 언제 어디서 그것을 볼 수 있는지 예측 가능하다.

이 모든 것은 무엇을 의미할까? 아마도 이 질문에 대한 많은 답이 있겠지만, 한 가지는 이 세상이 안전한 곳이라는 뜻일 것이다. 혼돈의 상황에도 그 안에는 예측 가능한 성질이 있다. 당신은 당신만의 세상에서 의지하고 신뢰할 수 있는 영역이 있는가?

12월 12일

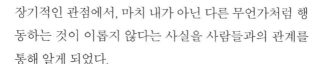

장기적인 관점에서, 마치 내가 아닌 다른 무언가처럼 행동하는 것이 이롭지 않다는 사실을 사람들과의 관계를 통해 알게 되었다.

_칼 로저스,《진정한 사람 되기(On Becoming a Person)》

12월 13일

이 책에서 우리는 애착 손상(상실, 거부, 버림받음, 무시, 배신, 학대가 남긴 영향들)에 관해 자주 언급했다. 인생 여정은 그런 손상을 치유하는 법을 배우는 것이며, 특히 자기 연민을 통한 치유가 중요하다.

스스로를 자기 연민의 마음으로 대하기 위해 애쓰자. 당신에게 손상을 입힌 감정을 스스로 반복하고 있는 건 아닌지 찬찬히 돌아보고, 이제 스스로 사랑의 마음으로 관심을 기울이자. 누군가가 당신을 거절했다면, 스스로 자신과의 약속을 지키자. 당신의 신의가 배신당했다면, 당신이 이제 자신과 타인에게 신의를 지키는 친구가 되어주면 된다.

12월 14일

몸에 난 상처에서 딱지를 떼어내면 치유가 늦어질 뿐 아니라 감염의 위험도 커진다. 이 원리는 애착 손상에도 마찬가지로 작용한다. 상처가 치유되기 시작했어도 우리 내면의 어린아이는 딱지 아래 무엇이 있는지 궁금해하며 상처를 들추곤 한다. 분개하거나, 방어적으로 혹은 공격적으로 행동하면 정서의 상처 딱지가 떨어질 수도 있다.

피부에 난 상처의 딱지를 떼지 않는 좋은 방법은 그 위에 밴드를 붙여놓는 것이다. 같은 맥락에서, 정서의 상처 딱지도 사랑의 메시지나 용기를 주는 말들로 감싸줄 수 있다. 온전히 자기 자신과 머무는 시간을 마련해, 편안하고 위안을 주는 활동을 해보자. 그저 상처받은 부분에 손을 얹고 치유의 빛이 손을 통해 상처 입은 몸 안으로 들어간다고 상상하자. 치유되는 분위기 속에서 상처를 보호하기 위해 더 할 수 있는 일에는 무엇이 있을까?

12월 15일

오늘 자기 자신에게 스물다섯 번 반복해서 이렇게 말해 보자.

"○○아 사랑해. 너는 빛과 힘을 품은 존재야. 노력하면 뭐든 이뤄낼 수 있어."

12월 16일

나마스테(Namaste)
..
내 안의 영혼(빛)이
당신 안의 영혼(빛)을
존경하고 사랑합니다.

12월 17일

많은 이가 인간은 본디부터 이기적이고 사리사욕을 추구하며 합리적인 결정을 내린다는 잘못된 전제하에 행동한다. 이런 전제가 오히려 진짜 사리사욕을 부추기기도 한다. 그뿐만 아니라 내 것을 나눠주면 내가 더 가난해진다는 결핍 관념을 갖게 만든다.

12월 18일

재판장님, 나는 이 우주에서 삶의 작은 부분들이 서로 연결되어 있음을 압니다. 조약돌을 바다에 던지더라도 파문이 입니다. 이처럼 모든 생명체는 다른 생명체와 불가분의 관계에 있습니다. 그러하기에 의식적이든 무의식적이든 그 영향력이 살아 있는 유기체에 행동과 반응을 불러일으킴을 압니다. 그로써 벌어진 잘못에 대해 누구도 수정할 수 없습니다. 모든 생명체는 무한한 기회의 연속이며, 이런 무한한 기회는 때로는 이렇게 때로는 저렇게 결과를 초래합니다. 나는 그 결과를 예측할 만한 무한한 지혜가 없으며 어느 누구도 그럴 만한 두뇌를 가지지 않았음을 압니다.

_클래런스 대로,《저주받은 변호사: 법정에 선 클래런스 대로
(Attorney for the Damned: Clarence Darrow in the Courtroom)》

12월 19일

신경과학 연구를 보면 이론가들이 오래도록 믿어왔던 주장이 옳음을 알 수 있다. 바로 우리가 관계를 지향한다는 사실이다. 우리는 의식하는 것보다 더 서로에게 깊이 영향을 주며 살아간다. 그런데 연구에 따르면, 타인이 우리와 같은 종족에 속한다고 보지 않으면 공감의 정서를 닫고 판단하는 경향이 있다고 한다. 정치권을 보면 분명히 알 수 있다. 우리는 상대방이 같은 정당을 지지하지 않는다는 이유로 아예 의견을 들으려 하지도 않는다. 추측하고, 판단하고, 벽을 세움으로써 보편적 인류애를 발휘하지 않는 것이다.

이렇게 구분하는 행위는 신경학적으로도 고통을 주어 우리를 멍하게 만든다. 자기애를 실천하고 싶다면 자신이 세상을 어떤 시선으로 보는지 관심을 가져보자. 우리와 다르다고 해서 타인을 거절하고, 무시하고, 하찮게 여기고, 나쁘게만 보지는 않는가? 우리 행동이 사실상 우리의 개인적 고통을 영구화하진 않는가? 아마 우리는 자신에게뿐 아니라 적으로 생각한 타인에게 더 다정해질 수 있을 것이다.

12월 20일

뜨거운 태양 아래서 일하는 세 벽돌공이 있었다. 그들이 무엇을 짓고 있는지 궁금했던 한 사내가 첫 번째 벽돌공에게 물었다.

첫 번째 벽돌공은 "잘 모르겠습니다"라고 대답했다. "그냥 나와서 시키는 걸 하고 있어요. 이게 제 일이니까요."

호기심이 풀리지 않은 사내는 두 번째 벽돌공에게 무엇을 짓고 있냐고 물었다. 그러자 "벽을 올리고 있어요"라고 답했다.

세 번째 벽돌공은 가만히 서서 사내의 눈을 바라보았다. "우리는 벽을 올리는 게 아니라 성당을 짓고 있지요. 정말 영예로운 일입니다."

세 벽돌공은 각자 다른 태도를 지니고 있었다. 우리는 벽돌을 한 장 한 장 쌓듯이 삶을 구축해가고 있다. 한 발짝 물러서서 그동안 꾸려온 찬란한 인생을 바라보자. 삶이 영예롭다 여기면 행동이나 관점이 어떻게 달라지는지 의식해보자. 삶과 세상에서 우리의 자리에 대한 장기적이고 폭넓은 안목은 자기애를 강하게 하는 데 중요한 요소다.

12월 21일

당신이
누군가를
신뢰할 수 있는지 확인하는
가장 좋은 방법은
그들을
신뢰하는 것이다.

_어니스트 헤밍웨이

12월 22일

미국 웨스트포인트에 자리한 미 육군사관학교는 200년이 넘도록 의문의 전통을 지켜왔다. 졸업식에서 가장 저조한 성적으로 졸업하는 간부 후보생이 '염소'가 되는 것이다. 이는 모욕적으로 보일 수도 있지만, 사실 축하 행사다. 다른 졸업생들이 용돈을 모아서 그 '염소'에 해당하는 졸업생이 학위를 받을 때 주기 때문이다.

제일 꼴등 성적으로 졸업하는데 왜 그렇게 축하를 해주는 것일까? 그것은 바로 끈기와 용기에 대한 축하의 메시지다. 그 '염소'는 절대 포기하지 않았고 마지막 결승선을 넘었다. 웨스트포인트의 예전 '염소들' 중에는 마침내 거물급 지도자가 된 이들이 있다.

졸업할 때의 최고의 성적은 더는 믿을 것이 못 될 뿐 아니라, 꼴등보다 미래에 성공할 가능성을 보장하지도 않는다. 정말 중요한 것은 앞으로 계속해서 나아가는 것이다.

12월 23일

식물들에서 추출한 원료인 에센셜 오일은 치유와 회복에 도움 되는 원료다. 다양한 오일은 우리가 내면의 핵심적 자기의 진실과 이어지고, 사랑받고, 깊은 관계를 맺을 가치가 있음을 알도록 도와준다. 에센셜 오일에는 베르가모트, 유향, 장미, 몰약, 백단향, 로즈우드, 캐모마일, 로즈메리 등이 있다. 개별적으로 사용해도 좋고 혼합해서 사용해도 좋다. 디퓨저에 담아두거나 화장품에 희석해 피부에 바른 후(희석하지 않은 채로 바르면 절대 안 된다) 시계방향으로 가슴이나 배꼽에 대고 살살 문지르면서 긍정의 말을 해보자.

12월 24일

수치심과 고단함 그리고 깨져버린 꿈이 있을지라도, 여전히 아름다운 세상입니다. 힘을 냅시다. 행복을 위해 힘쓰세요.

_맥스 어만, 《간절히 바라는 것들(Desiderata)》

12월 25일

과거에 상처받은 부정적인 이야기를 다시 쓰다 보면 관점이 바뀌곤 한다. 더는 분노, 우울, 쓰라림과 절망이 변형된 감정에 집착할 필요가 없다. 용기, 연민, 신뢰와 희망의 관점에서 애착 손상의 경험을 써보자. 마음이 편안해진다면, 가까운 친구나 사랑하는 연인과도 그 경험을 나눠보자.

12월 26일

오늘 당신이 웃은 이유 세 가지를 써보자. 무엇이 그렇게 웃기고 즐거웠는지도 기록하자. 다른 사람들에게도 웃음이 번졌는가?

가지치기에도 기술이 있다. 나무나 식물의 잔가지와 싹, 뿌리를 잘라내야 더 풍성하게 자라고, 상하거나 병든 부분이 제거된다.

초보 정원사는 그것을 가려내기가 어렵다. 살아 있는 싹을 잘라내기가 힘들 수 있다. 노련한 정원사는 나무에 반드시 가지치기가 필요하단 걸 잘 안다. 지나치게 자라난 나무는 안전상 위험할 수 있고, 더 많은 꽃을 피우고 열매를 맺게 하려면 가지를 쳐내야만 하는 것이다.

초보 정원사들처럼 우리도 불필요한 부분을 잘라내는 걸 꺼린다. 하지만 불필요한 부분을 잘라내는 게 용기다. 무거운 가지나 죽은 싹을 제거하면 더 많은 빛과 공기가 나머지 가지들에 닿을 수 있다. 우리는 지나치게 자라나고 오래되고 무거운 가지들이 주는 부담을 떨쳐내야 한다. 가지치기는 더는 필요치 않은 부분을 단언하는 것이며, 용기와 결심은 자기애를 키워주고 타인을 사랑할 능력도 강화한다.

삶에서 더는 필요치 않은 부분이 있는가? 가지치기한 다음 어떤 지지가 필요한가? 어떻게 하면 더 자유로워질 수 있는가?

12월 28일

나 자신을 찬양하고, 노래한다.
그리고 내가 짐작하듯 너도 그럴 것이다.
내게 속해 있는 모든 원자는 너에게도 속해 있기 때문이다.

_월트 휘트먼, 《나 자신의 노래》

12월 29일

당신은 거울에 비친 당신의 아름다움을 들여다볼 능력
이 있다. 당신의 빛을 바라보자. 당신이 받은 선물을 발
견하자. 당신의 두 눈동자가 왜 그런 색채를 띠고 있는
지, 왜 당신의 얼굴이 감정을 깨우는지 곰곰이 생각하
자. 우리는 사랑과 연민의 마음으로 자신을 볼 수 있다.
당신을 아름답게 하는 건 무엇인가?

12월 30일

당신은 자기 연민과 자기애를 배워왔다. 스스로에 대해 더 잘 알게 되었으며 과거의 상처와 잘못된 신념, 그리고 오랜 행동 패턴에서 벗어날 방법을 찾았다. 물론 하루아침에 달라지진 않을 것이다(노력에 따라 평생 자기애를 강화하며 살아갈 수 있다). 하지만 당신이 얼마나 달라졌는지 깨닫기 바란다.

12월 31일

우리는 그리 오래 뒤돌아보지 않는다. 우리는 계속해서 전진하고 새로운 문들을 열고 새로운 일을 한다. 호기심 이 많고… 호기심이 계속 우리를 새길로 이끌어주기 때 문이다.

_월트 디즈니

감사의 말

타라 브랙, 브레네 브라운, 켈리 맥고니걸, 크리스틴 네프를 비롯한 연구원과 교육자들에게 감사의 마음을 전합니다. 그들은 자기애를 실천하는 데 과학적 근거를 인지하도록 해주었습니다. 그들의 연구 덕분에 제가 이 책을 쓸 수 있었습니다.

트로이 L. 러브
사회복지학 석사, 임상 사회복지사

365일 러브 마이셀프

초판 1쇄 인쇄 2024년 3월 20일
초판 1쇄 발행 2024년 3월 27일

지은이 | 트로이 L. 러브
옮긴이 | 이윤정
펴낸이 | 박찬근
펴낸곳 | (주)다연
주　소 | 경기도 고양시 덕양구 삼원로 73 한일윈스타 1422호
전　화 | 031-811-6789
팩　스 | 0504-251-7259
이메일 | judayeonbook@naver.com
편　집 | 미토스
표지디자인 | 강희연
본문디자인 | 디자인 [연;우]

ISBN 979-11-92556-23-9 (03180)